Heinzpeter Kemnitz
Meine Geschichte

Herstellung und Verlag:
BoD - Books on Demand, Norderstedt

ISBN 978-3-7448-7155-6

Meine Geschichte

Heinzpeter Kemnitz

Meine Geschichte

Diese Geschichte beginnt
wahrscheinlich im Jahr 1941.

Der 20 jährige französische Arbeiter Marcel Chretien. wird von der deutschen Besatzung in Frankreich zur Arbeit nach Deutschland deportiert. Er kam in das Gemeinschaftslager Rathenow. Arbeiten musste er in dem brandenburgischem Flugzeugwerk Arado als Chefdolmetscher. In derselben Firma gab es eine Büroangestellte im gleichen Alter. Sie hieß Hildegard Kemnitz. Wie und wann die beiden sich kennen lernten, weiß heute niemand mehr, Es waren nicht gerade schöne Umstände, denn ihre Eltern waren mit dieser Verbindung nicht einverstanden. Auch das System in Deutschland ließ nicht zu, dass solche Verbindungen zu Stande kamen, denn es musste nachgewiesen werden, dass sie arisch sind. Hildegard ließ einen Stammbaum anfertigen und wies damit ihre Abstammung nach und stand somit zu ihrer Liebe. Im Winter 1943 nahm die Geschichte ihren Lauf, denn sie wurde schwanger. Der Krieg erlebte eine Wende und Deutschland war nun der Kriegsschauplatz. Damit gab es auch immer mehr Luftangriffe auf Brandenburg. Im Frühjahr 1944, Hildegard war inzwischen hochschwanger. Deshalb schickte sie die Firma Arado nach Friedrichshafen, wo das Stammwerk war, um dort zu arbeiten. Dort gab es noch keine Bombenangriffe. Am Dienstag, den 01.08.1944, es war ein Schaltjahr mit 366 Tagen, gebar Hildegard am 214 Tag einen Sohn. Sie nannte ihn Heinzpeter, und er bekam ihren Nachnamen nämlich Kemnitz. Dies war das Zeichen, sie durfte sowohl von der Familie als auch von Staats wegen ihren geliebten Marcel nicht heiraten, deshalb war ein Teil des Werdeganges von Heinzpeter vorgezeichnet. Er war ein uneheliches Kind. Und das sollte sich zu gegebener Zeit auch zeigen.

Ein paar Wochen später musste Hildegard wieder nach Brandenburg ziehen. Dort war der Krieg inzwischen richtig angekommen. Sie wohnte wieder in ihrem Elternhaus. Dort ging es immer abwechselnd in den Keller bei Bombenangriffen und in die Wohnung wenn es ruhig war und immer mit dem Kind. So ging es bis zum nächsten Frühjahr und schließlich bis zum Kriegsende.

Marcel wurde zur Organisation Todt abgeordnet und musste somit das Brandenburger Land verlassen. Von dem Zeitpunkt an hat niemand wieder was von ihm gehört. Nachdem der Krieg zu Ende war, wohnte Hildegard noch einige Zeit mit dem Kind bei ihren Eltern, die das Kind sehr lieb gewonnen hatten. Dann aber kam die Zeit des Umzugs.. Sie zog mit dem Jungen in eine kleine Straße beim Brandenburger Dom. Dort bekam Heinzpeter die ersten Erinnerungen in sein Bewusstsein.

Von nun an, da die Einleitung geschrieben ist, wird die Geschichte in der Ich-Form weiter geschrieben,

denn ich bin Heinzpeter Kemnitz

Die nächsten Erinnerungen waren die, dass meine Mutter heiratete und zwar einen Schuster. Er hieß Paul. Es war alles gut und in Ordnung. 1948 wurde sie wieder schwanger und ich bekam 1949 einen kleinen Bruder. Er hieß Gerhard.

Von nun an wurde das Leben schwerer, denn erst einmal, dann öfter bis schließlich täglich bekam ich Prügel von dem Mann meiner Mutter. Wie das anfing weiß keiner. Ich musste auf den Kleinen aufpassen und mich um ihn kümmern. Wir wohnten in dem kleinen Haus in dem ein Schuhmacherladen war. Auf dem Hof war die Werkstatt des Schusters, bei dem Paul angestellt war. Meine Mutter arbeitete inzwischen in einem Büro der Stadtverwaltung, im Vorzimmer des Oberbürgermeisters. Paul war also immer im Haus und meine Mutter den ganzen Tag im Büro. Ich bin oft ausgerückt und zu meiner Oma gegangen. Alle waren erstaunt, wie ich den Weg zur Oma gefunden hatte. Dort gab es immer ein paar Süßigkeiten und ganz oft Grießbrei mit Heidelbeeren. Auch sonst war es immer sehr schön dort, denn es fiel nie ein böses Wort und es gab keine Schläge.

Am glücklichsten war ich, wenn ich, im Kindergarten war. Der lag in unserer Straße. Es war ein katholischer Kindergarten und die Tanten dort waren sehr lieb und zwar zu allen Kindern, ohne Ausnahme. Dort war ich den ganzen Tag beschäftigt. Es wurden Spiele gespielt, wir beteten und das Essen war gut. Die katholische Kirche war gleich auf dem Hof und nebenan war ein kleiner Garten, in dem es herrliches Obst gab. Wir halfen dort manchmal und wir durften auch von dem Obst naschen. Wenn der Kindergarten abends zu Ende war, wurde auf der Straße gespielt und zwar die verschiedensten Kinderspiele, die es damals so gab. Ich versuchte immer, so lange wie möglich dort zu spielen, denn ich wollte nicht nach Hause, und ich hatte Angst. Irgendeinen Grund gab es immer, und ich bekam wieder Prügel. Bald reichte Paul die Hand nicht mehr,   und er kaufte sich einen Teppichklopfer. Mit dem Stiel des Klopfers schlug er dann zu. Das tat noch mehr weh. Die Situation ging soweit, dass ich dann abends ins Bett machte. Ich konnte nichts dafür, aber auch das war wieder ein neuer Grund, und es gab wieder Schläge.

Es gab in meiner Erinnerung aber auch Tage an denen meine Mutter mit mir in der Stadt spazieren ging, wenn sie Zeit dazu hatte. Dann trank sie eine Tasse Bohnenkaffee in einer Kaffeestube in der Steinstraße. Das war damals bestimmt sehr teuer für uns, aber sie liebte das über alles.

Ich freute mich darüber, denn, wenn ich mit meiner Mutter allein war, war alles gut.

So gingen einige Jahre vorüber und es kam das Jahr 1950. In diesem Jahr wurde ich eingeschult. Ausgerechnet in dem Jahr meines Schulbeginns bekam ich verschiedene Kinderkrankheiten wie Masern und Scharlach. Aus diesem Grund wurde ich am Schuljahresende ein Jahr zurückgestellt, denn ich hatte viel von dem Unterrichtsstoff versäumt und musste die erste Klasse noch einmal durchlaufen. Auch mit diesem Ereignis verband Paul wieder meine Unfähigkeit und dergleichen. Und es gab neue Gründe, mich zu schlagen. Das alles wurde zur Gewohnheit. Und ich dachte; es müsse so sein. Zu diesem Zeitpunkt dachte ich noch nicht darüber nach, aus welchem Grund das alles geschah, denn es war ja meine Familie und ich hatte keine andere. Wenn es zu schlimm wurde, schlich ich mich immer öfter zu meinen Großeltern, denn dort ging es mir gut und dort traute sich Paul nicht, mich zu schlagen, wenn ich abgeholt wurde.

Die erste und die zweite Kassen gingen vorbei. Im Jahr 1953 war ich in der dritten Klasse. Es waren für mich komische Zeiten. Irgendwann im Juni war in der Steinstraße ein Menschenauflauf. Es waren alles Arbeiter von dem Transport Unternehmen Taege. Sie hatten sich vor dem Gericht in der Steinstraße versammelt und schimpften laut und verlangten die Freilassung ihres Chefs August Taege, der wohl eingesperrt war. Den Grund weiß ich nicht. Es gab Tumulte.

Ein paar Tage später, ging ich wie gewohnt morgens zur Schule. Es war der 17. Juni 1953. Nach der ersten Stunde, die hektisch und vollkommen anders verlief als wir es gewohnt waren, sagte die Lehrerin, dass wir nach Hause gehen sollten. Aber wir sollten lieber die Nebenstraßen, da sehr viel Verkehr sei, benutzen. Aber, wie Jungen mal so sind, gingen wir mit Absicht durch die Hauptstraße und auch durch die Steinstraße. Dort sahen wir, wie sich eine riesige Menschenmenge ansammelte. Es war alles sehr laut, Die Fenster vom Gericht, das in dieser Straße war, gingen auf, und große Berge von Papier wurden auf die Straße geworfen. Auch kamen Schreibmaschinen, Tintenfässer, Stifte und viele andere Utensilien durch die Fenster. Es kam ein offenes Polizeifahrzeug mit TATÜTATA angerauscht. Die Menschen auf der Straße fackelten nicht lange, griffen sofort zu und stürzten das Polizeifahrzeug um. Die ca. zwölf bis sechzehn Polizisten, die auf dem Fahrzeug saßen, ergriffen die Flucht. Ich schlenderte mit meiner Schulmappe auf dem Rücken bestimmt noch zwei oder drei Stunden durch die Straßen und sah mir alles an. Ich hatte so etwas noch nie gesehen. Erst einige Tage später erfuhr ich, dass auch das Büro meiner Mutter, die ja im Vorzimmer des Oberbürgermeisters saß, besetzt wurde und sie an dem Tag große Angst hatte. Die Zusammenhänge wurden mir erst viele Jahre später bewusst.

Im selben Jahr wurde meine Mutter wieder schwanger. Das Leben ging so weiter. Ich lebte in ständiger Angst. Durch die Schwangerschaft wurde die Wohnung, die sowieso ein Loch war, sie bestand aus einer kleinen schmalen Küche einem Schlafzimmer, einem kleinen Wohnzimmer und einer Kammer, in der ich und später mein Bruder, schliefen zu klein. Meine Mutter und Paul bemühten sich um eine größere Wohnung, aber es war im nicht so einfach in der DDR eine Wohnung zu bekommen, so kurz nach dem Krieg.

 Ein Jahr später, also 1954 erblickte mein zweiter Bruder das Licht der Welt, er hieß Bernd und war ein kleiner Süßer. Für mich hieß das, ich musste wieder auf einen Bruder mehr aufpassen, und der Grund für Schläge erweiterte sich. Ich weiß heute nicht mehr, wie ich das ausgehalten habe. Ich flüchtete immer öfter zu meiner Oma und wurde dort immer mehr mit Liebe angenommen. Meine Großeltern wussten nicht, was ich durchmachen musste, aber ich denke, sie ahnten es.

Das war meine Familie

Das Jahr ging zu Ende. Auch das nächste, aber es änderte sich nichts. Im Jahr 1956 bekamen meine Mutter und ihr Mann eine neue Wohnung zugewiesen. Die Wohnung war für die Verhältnisse in der DDR schön. Es waren nach heutiger Sicht kleine Zimmer, aber für unser Verständnis gut. Es gab ein Wohnzimmer, ein Schlafzimmer eine Küche, ein Bad und das Kinderzimmer. Das reichte insgesamt aus. Im Badezimmer war eine Toilette, eine Badewanne, ein Badeofen, der mit Holz oder Kohle geheizt werden musste und ein Waschbecken. Am Leben in der Familie änderte sich nichts. Ich wurde weiterhin täglich mit Schlägen traktiert. In dem Haus, indem wir wohnten, wohnte schräg über uns eine Angestellte der Brandenburger Jugendhilfe. Sie bekam nach meinem Wissen mit, was in unserer Familie los war. Und eines Tages erreichte uns die Mitteilung, dass ich in ein Kinderheim kommen sollte. Das Kinderheim war in Himmelpfort. Als ich dort ankam, war mein Martyrium erst einmal zu Ende.

Ich habe das alles, wie es mir ergangen ist niedergeschrieben, weil ich zu diesem Zeitpunkt schon überlegte, wie es mir ergangen wäre, wenn meine Mutter den Marcel hätte heiraten dürfen. Ich konnte mir nicht vorstellen, dass mich mein richtiger Vater so behandelt hätte. Heute kann ich es nicht mehr genau sagen, von wem ich die Geschichte meines Vaters erfahren habe. Es war entweder von meiner Mutter oder von meinen Großeltern. Seit diesem Moment war ich auf der Suche nach meinem Vater. Erkundigt habe ich mich beim Deutschen Roten Kreuz und verschiedenen anderen Institutionen. Da die aber alle mit der DDR gleichgeschaltet waren, habe ich keine Informationen bekommen.

Zu diesem Zeitpunkt war ich zwölf Jahre alt.

In Himmelpfort ging es mir eigentlich gut, und ich konnte sehr viel nachdenken. Nachdenken darüber, was in den vergangenen Jahren mit mir passiert war. Nachdenken warum mich der Mann meiner Mutter immer wieder geschlagen hatte. Aber auch, darüber warum meine Mutter nichts dagegen unternommen, warum sie mich im Stich gelassen hatte. Ich wusste, sie liebt mich. Aber vielleicht war die Liebe zu diesem Mann größer oder die Einsamkeit ohne ihn. Dort in dem Heim hatte ich nicht viele Freunde, denn heute nach so vielen Jahren kann ich mich an kaum einen erinnern. Trotzdem: Ich ging dort zur Schule, wir spielten im Sommer Fußball, ich hielt mich oft in den umliegenden Wäldern auf und im Winter spielten wir Eishockey und machten über das Eis Wanderungen. Fünf Kilometer vom Heim entfernt war das ehemalige Konzentrationslager Ravensbrück. Auch dort hin zog es mich manchmal, denn in den Trümmern, die einen Teil des Geländes bedeckten und die nicht von den Russen belagert waren fand man viele für uns noch nützliche Sachen, wie Drahtspulen und andere elektrische Teile die zum Bauen von Detektoren für den Radioempfang geeignet waren. Unter den Kindern gab es einige, die so etwas konnten. Aber dort konnte man, wenn man allein war, sich auch einfach hinsetzen und seinen Gedanken nachgehen. Das tat mir ganz besonders gut,

Oft bin ich in dieser Zeit aus dem Heim weggelaufen, um nach Westberlin oder in die Bundesrepublik zu gelangen. Von dort aus wollte ich die Suche nach meinem Vater fortsetzen. Immer wieder wurde ich eingefangen und es ging soweit, dass ich nach einundeinhalb Jahren in ein anderes Heim verlegt wurde. Dieses Kinderheim war in Plau am See. Das alles änderte aber nichts an meinen Absichten, mich weiter um den Verbleib meines Vaters zu bemühen und mit den begrenzten Mitteln nachzuforschen. Nach und nach erfuhr ich von meiner Mutter und meinen Großeltern, zu denen der Kontakt ja nie abgerissen war, immer mehr Einzelheiten von den Umständen, die zu den ganzen Problemen geführt hatten. Sonst hätte ich am Anfang dieser Geschichte nicht so genau darüber berichten können, denn ich habe ja diese ganzen Ereignisse nicht aus eigenem Bewusstsein berichten können, denn erfahren konnte ich das alles ja nur, indem ich immer genau zuhörte, wenn die Erwachsenen sich unterhielten.

In dem Kinderheim Plau am See plätscherte mein Leben weiter so hin. Ich ging zur Schule, es wurde Sport getrieben und ehe ich mich richtig eingelebt hatte wurde ich in ein weiteres Kinderheim verlegt. Ich kam nach Mühlrose. Das war ein Kinderheim, nicht weit von der polnischen Grenze entfernt. Meine Leistungen in der Schule waren recht ordentlich und ich hatte oft Gedanken, ich könnte weiter zur Schule gehen. Der Standard des Schulsystems in der DDR war damals die achte Klasse.

Man bekam in dieser Klasse die Jugendweihe und dann den Schulabschluss. So war es auch bei mir. Die Jugendweihe war ein gesellschaftliches Ereignis. Mein Geschenk war der Besuch meiner Mutter, mit ihr außerhalb des Heimes eine Tasse Kaffee trinken und ein weißes Oberhemd. Sie hatte nicht viel Geld, aber ich freute mich über ihren Besuch. Es war trotz allem ein glücklicher Tag für mich.

Ich hatte Gespräche mit den Erziehern über die Zukunft, wie alle anderen der achten Klasse auch. Bei diesen Gesprächen äußerte ich unter anderem den Wunsch Abitur zu machen. Man teilte mir mit, dass das für mich nicht in Frage käme und ich einen Beruf erlernen müsste. Das war in der DDR so üblich. Im Anschluss dieser Gespräche wurden mir einige Angebote gemacht. Ich entschied mich für die Berufsausbildung zum Karosserieklempner in Berlin und bereitete mich darauf vor. Dieser Beruf sagte mir deshalb zu, weil mein Opa Kraftfahrzeugmeister war. Er war einer der Besten in Brandenburg. Er baute nach dem Krieg die Brandenburger Omnibusflotte wieder auf, aus der die heutigen Verkehrsbetriebe entstanden sind. Als das Schuljahr zu Ende war, und ich nach Hause entlassen, wurde sagte meine Mutter zu mir, dass es nicht in Frage käme, dass ich nach Berlin in die Ausbildung gehe, es sei zu gefährlich und zu nahe an Westberlin. Damit war auch dieser Berufswunsch dahin. Meine Mutter meldete mich in Brandenburg bei einem privaten Schlossermeister an. Ich begann eine Lehre als Kunst und Bauschlosser. Eigentlich machte mir die Ausbildung Spaß und ich lernte sehr viel, so musste ich für eine große Straße, die in Brandenburg wieder neu aufgebaut wurde, sämtliche Schlüssel feilen. Es wurden auch Tore aus Stahl gebaut Dabei lernte ich schweißen. Unter anderem war es aber im ersten Lehrjahr meine Hauptaufgabe allen anderen alles nach zu räumen und die Werkstatt sauber zu halten. Das machte mir aber weiter nichts aus. Mein Verdienst betrug in der Woche 17,50 Ost Mark, die am Samstag ausgezahlt wurden, denn es gab ja eine Sechstage Arbeitswoche. 10 Mark davon gab ich meiner Mutter als Kostgeld. Die restlichen 7,50 Mark nahm ich, kaufte mir eine Fahrkarte nach Berlin hin und zurück. Das kostete 5,60 Mark. Ich fuhr dann samstags nach der Arbeit nach Berlin und arbeitete in Westberlin auf dem Fruchthof den Rest des Wochenendes. Das Geld, das ich dabei verdiente, tauschte ich von West Mark in Ost-Mark um. Der Kurs stand immer so 1 zu 5. So hatte ich am Montag wieder zwischen 300 und 400 Ost-Mark. Manchmal kaufte ich mir auch davon Sachen zum Anziehen, die es in der DDR nicht gab. Auch unterstützte ich immer meine Mutter mit etwas Geld. Dabei bemerkte ich, dass sie sich von ihrem Mann Paul entfernte.

In dieser Zeit begann ich, mich auch sportlich zu betätigen. So begann ich in einem Brandenburger Sportverein Rugby zu spielen und war dort als Verhältnismäßig junger Mann ziemlich erfolgreich. Ich trainierte fleißig, man nahm mich dort wahr. Die Mannschaft spielte bei den damals noch gesamtdeutschen Meisterschaften sehr gut mit. Es ergab sich, dass ich die Ausbildung in der Schlosserei aufgab und beim VEB Tiefbau Brandenburg als Tiefbau- Arbeiter anfing. Zu der Zeit wurde mein Wunsch, die DDR zu verlassen immer größer. Bei einem Rugbyspiel in Westberlin beim BSV 92 erhielt ich unter anderem auch ein Angebot von einem Vertreter des Vereins, dort zu spielen. Das motivierte mich auch noch mehr. Auch Gespräche mit anderen Jugendlichen liefen immer wieder auf das Verlassen der DDR hinaus. Die Situation in der DDR wurde immer kritischer. Jeden Tag hörte man im Radio, wie viel Leute die DDR verließen, und mein Wunsch wurde stärker. Kurz, vielleicht drei Wochen vor dem 13. August 1961, an dem Tag, an dem die Grenzen geschlossen wurden, packte ich meine Siebensachen und machte mich auf den Weg. In Brandenburg/Havel stieg ich, wie schon so viele Male, am Hauptbahnhof in den Zug nach Berlin. In meinem Gepäck waren Sachen zum Anziehen, sämtliche Papiere, andere persönliche Utensilien und sogar mein Briefmarken Album, auf das ich sehr stolz war. Kurz vor Potsdam, ungefähr 2 Minuten vom Bahnhof entfernt, kamen 3 Grenzpolizisten in das Abteil und forderten mich auf, mein Gepäck zu nehmen und mit ihnen auszusteigen. Der Zug hielt noch vor dem Bahnsteig.

Man führte mich in eine Polizeibaracke. Ich wurde ca. fünf Stunden verhört, bis ich zugab, dass ich nach Westberlin wollte und ich nicht die Absicht hatte wieder zu kommen.

Nach dieser Aktion ließ man mich wieder laufen und zwar mit folgender Auflage: Mir wurde auferlegt, mich nur in der Stadt Brandenburg und in der Stadt Rathenow aufzuhalten. In Rathenow, weil ich dort arbeitete. Der VEB Tiefbau baute dort eine Straße. Außerdem durfte ich mich nicht mehr mit anderen Jugendlichen treffen. Und es wurde mir mitgeteilt, dass mich ein Strafverfahren wegen versuchter Republikflucht erwarte. Ich war 16 Jahre alt und wusste mich nicht zu wehren. Wie es von vielen vermutet wurde, kam dann der 13. August 1961 und die Mauer wurde gebaut. Da war klar, es gab keine Möglichkeit mehr zu fliehen. Also ging ich meiner Arbeit nach und zwar in Rathenow. Wie es in der DDR war, gab es auch für den Betrieb bei dem ich beschäftigt war, Planaufgaben. Wir schliefen dort in Baracken, um nicht jeden Tag hin und her fahren zu müssen. Eines Freitags morgen kam der Meister und teilte uns mit, dass wir am Samstag wegen Planrückständen auch arbeiten müssten. Eigentlich arbeiteten wir in der Woche so viele Stunden, das wir samstags frei hatten.

Also blieben wir alle Freitagabend auf der Arbeitsstelle, um am Samstag zu arbeiten. Noch während der Arbeit hatte sich rumgesprochen, dass es an einem Sportheim einen Rummel gab. Und wir machten aus, uns abends dort zu treffen. Nach Feierabend machten wir uns fertig, gingen zu dem Rummel und amüsierten uns. Im danebengelegenen Sportheim war auch eine Tanzveranstaltung und einige von uns gingen auch dort hin. Ich war auch dabei. Als dann die Veranstaltung dort zu Ende war machten wir uns auf den Weg in unsere Baracken. Wir hatten auch eine ganze Menge getrunken und waren ganz schön aufgekratzt. Mit mir machte sich noch ein Kollege auf den Weg. Als wir durch einen Park gingen fingen wir an zu singen. Der Text ging folgendermaßen: In Ost Berlin ist Stacheldraht, Der Ulbricht hat einen spitzen Bart. Die Bauern gründen die LPG, Die Arbeit macht die Volksarmee. Mit einem Mal kamen wie aus dem Nichts zwei Männer auf uns zu und gaben sich als Angehörige des Staatssicherheitsdienstes zu erkennen. Der Kollege, der mit mir unterwegs war und auch mitgesungen hatte, reagierte sofort und sagt laut zu mir: "Wie kannst Du denn so was singen, ich hab es Dir doch gleich gesagt"

Zwei Stunden später fand ich mich im Untersuchungsgefängnis in Rathenow wieder. Dort in der Untersuchungshaftanstalt wurde mir das Leben schwer gemacht, und ich merkte jetzt erst richtig, in was für einem Staat ich lebte. Nach einigen Monaten bekam ich die Anklageschrift und ich traute meinen Augen nicht. Die Anklage lautete auf versuchte Republikflucht, Staatsverleumdung und staatsgefährdende Hetze. In mir brach eine Welt zusammen, denn ich wusste nicht wie alles weiter gehen sollte. Dann kam der Tag der Verhandlung. Man machte mich dabei so nieder, dass ich nicht mehr wusste, was ich machen würde. Die Urteilsverkündung war für den Nachmittag anberaumt und ich wurde über Mittag in meine Zelle geführt. Der Beamte der mich einschloss, wollte eigentlich nett sein. Er sagte zu mir ich solle nicht so traurig sein, denn es wird bestimmt nicht so schlimm. Am Nachmittag musste ich zur Urteilsverkündung und der Richter verkündete das Urteil. Für die versuchte Republikflucht bekam ich eine Gefängnisstrafe von zehn Monaten und für die Staatsverleumdung und die Staatsgefährdende Hetze ein Jahr und sechs Monate Gefängnis. Dies alles wurde zu einer Gesamtfreiheitsstrafe von Zwei Jahren zusammen gezogen. Ich war fertig. Dann wurde ich wieder in meine Zelle gebracht und ich bekam eine unsagbare Wut. In der Zelle stand noch die Schüssel mit der Möhrensuppe vom Mittag. Als der Beamte die Luke von der Tür aufmachte, durch die immer das Essen durchgeschoben wurde, ergriff ich die Schüssel mit der Suppe und schleuderte sie durch die Luke. Aus den Augenwinkeln sah ich nur noch wie die roten Möhrenstücke an der grünen Uniform herunter glitten. Anschließend fand ich mich schon zu meinem ersten strengen Arrest im Keller wieder. Der Arrest bestand aus Einzelhaft, die ich ja in meiner normalen Zelle auch hatte, morgens, mittags und abends jeweils zwei Schnitten trockenes Brot und eine Tasse Muckefuk. Das Ganze ging zwölf Tage lang. Als ich daraus entlassen wurde kam ich gleich auf den Transport. Man irrte mit mir fünf Tage quer durch die ganze Republik immer hin und her. Zu der Zeit wusste ich noch nicht wo es hin ging. Am letzten Tag kam ich in Luckau an. Das war ein Jugendgefängnis denn ich war ja gerade siebzehn Jahre alt.

Mein Gefühl, das ich dort bei der Ankunft und der Eingliederung hatte kann ich gar nicht mehr beschreiben, denn es war unwirklich. Morgens um halb sechs aufstehen, Turnsachen anziehen und dann ging es auf den Gefängnishof. Dort wurde eine halbe Stunde Gymnastik gemacht, aber nicht einfach, sondern bis an die Leistungsgrenzen. Danach wurden wir wieder in unsere Zellen eingeschlossen und mussten auf unser Frühstück warten. Das Frühstück bestand aus zwei Scheiben Brot, etwas Margarine, und Marmelade. Dazu eine Tasse Malzkaffe. Im Anschluss ging es wieder in die Zelle. Das war zum Mittag und zum Abend das Gleiche. Nach einer Woche begannen die ersten Erziehungs Gespräche mit den " Schließern ". Sie teilten uns nochmals mit, was wir falsch gemacht haben und das man die DDR nicht verlassen darf, weil es uns hier Allen gut geht und das man nichts böses gegen die Repräsentanten sagen darf, denn das sei ein Verbrechen. Ich kam mir vor wie bei den Nazis. Auch wurden Gespräche geführt bei dessen Ende man sich für die Nationale Volksarmee verpflichten solle, mit dem Ergebnis man könnte vorzeitig entlassen werden. Ich sagte: „Nein". Das brachte mir wieder einmal zehn Tage Arrest ein und die Zelle, in die ich kam, so sagte man mir, war eine Zelle, in der auch schon Karl Liebknecht gesessen habe. Einen der Aufseher kannte ich aus Brandenburg. Er wohnte gegenüber von der Schusterwerkstatt, in der mein Stiefvater gearbeitet hatte. Der Aufseher war sehr klein, aber auch sehr aggressiv. Er war Leutnant und hieß Hahn. Der Gummiknüppel saß ihm immer ziemlich locker, und er, in seiner Uniform hatte ja die Macht das auszuspielen. So schlug er immer auf die Jugendlichen ein wenn es ihm in den Sinn kam. Viele Jugendliche waren größer als er. Das tat dem aber keinen Abbruch, er sprang dann beim Schlagen einfach hoch. Wehren konnte sich keiner der Jugendlichen, dann würde es gleich nochmal ein bis zwei Jahre dazu geben.

Wir wurden nach ca. einem Monat zur Arbeit eingeteilt. Da ich schon mit einem Metallberuf zu tun gehabt hatte, wurde ich in eine Werkstatt mit Fräsmaschinen und Drehbänken versetzt. Man sagte mir, ich solle jetzt einen Beruf erlernen, und zwar den des Zerspaners. Ich fügte mich und lernte drehen, hobeln und fräsen.

Es war von vornherein klar, dass es keinen kompletten Abschluss geben würde, denn die Zeit reichte dafür nicht aus. Für den Facharbeiterbrief müsste ich drei Jahre lernen. Ich war aber nur noch ein und dreiviertel Jahre da, wenn man die Untersuchungshaft, den Transport und die Einweisung von den zwei Jahren abzieht. Nach einem Jahr absolvierte ich erfolgreich die Zwischenprüfung. Es war also keine echte Möglichkeit in der Zeit der Inhaftierung einen kompletten Beruf zu erlernen. Wenn man das realisiert hat, merkte man sehr schnell, dass alles nur Betrug war, was dort mit uns gemacht wurde. Aber das wichtigste für mich war eigentlich, dass die Zeit verging und man den Zeitpunkt herbeisehnte, an dem man entlassen wurde. Immer wieder versuchte man uns, im Sinne des Sozialismus zu erzirhen. Für mich gab das keinen Sinn. Ich wurde immer wütender auf die Machthaber. Viele Mitinsassen wurden vorzeitig entlassen. Das waren aber immer Kriminelle, denn die Insassen waren nicht nur Menschen mit politischem Hintergrund. Wir saßen mit Einbrechern, Räubern und sogar mit Mördern zusammen. Die politischen Häftlinge wie ich, hatten Pech. Wir mussten unsere Strafe bis zum letzten Tag absitzen. Einmal im Monat durfte man Besuch bekommen. Meine Mutter nahm diese Gelegenheit wahr und kam jeden Monat. Für sie war es reine Anstrengung, denn es war eine lange Bahnfahrt, sie musste sich frei nehmen und sich jedes Mal mit ihrem Mann Paul auseinander setzen. Es war immer eine willkommene Abwechslung, Einmal sagte sie zu mir vorwurfsvoll: „ Peter, mein Junge, warum hast du mir denn nichts gesagt. Wir wären doch mitgekommen, dann wären wir auch nicht erwischt worden". Das machte mich stolz, baute mich auf und gab mir wieder Selbstbewusstsein. Irgendwann, so um den 15. Oktober 1963, kam der Tag meiner Entlassung. Für mich war es ein tolles Gefühl wieder frei zu sein. Es kam aber auch ein unsäglicher Hass auf das Regime der DDR in mir auf. Man hatte mir zwei Jahre meiner Jugend geraubt. Diese Jahre kann mir niemand zurück geben. Immer mehr musste ich an meinen Vater denken, den ich ja nicht kannte, aber auch er wurde um einen Teil seiner Jugend, durch ein ähnliches Regime gebracht. Mir war im ersten Moment nicht bewusst, dass, das Unrecht weiter ging denn ich bekam bei der Entlassung kein Urteil und keinen Entlassungsschein ausgehändigt. Ich achtete nicht darauf. Später, in bestimmten Situationen aber, benötigte ich diese Dokumente. Dass ich diese nicht hatte, machte mir immer wieder Schwierigkeiten. Ob es bei der Arbeitssuche war oder bei anderen Angelegenheiten, bei denen man nachweisen musste wo man vorher beschäftigt war oder wo man zuletzt gewohnt hatte. Nach und nach konnte man erst wieder erreichen, dass man ein normales Leben führen konnte. Ich konnte Gott sei Dank wieder zu Hause wohnen. Bei der Arbeitssuche half mir die Ausbildung zum Zerspaner. Ich bekam eine Anstellung im Brandenburger Getriebewerk, in der Getriebegehäuse Straße. Dort wurden Getriebe für Traktoren gefertigt. Mein Beschäftigungsfeld war der, eine Portalfräsmaschine zu bedienen. Ich wurde an dieser Maschine angelernt. Es dauerte nicht lange bis ich die Maschine beherrschte. In der weiteren Zeit arbeitete ich mich an allen Maschinen der Getriebegehäuse Straße ein und konnte so an allen Maschinen, wie einem Langhobel, einer Bohrmaschine, einer Drehmaschine und an Schleifmaschinen sowie der Portalfräsmaschine der Abteilung eingesetzt werden. Nach ca. einem Jahr wurde die Produktion in der Fabrik umgestellt und es wurden in unserer Abteilung Mitarbeiter gesucht, die an einem anderen Produktionsort geschickt wurden. Dort wurden sie an neuen Maschinen angelernt um die neue Produktion der Getriebe für den LKW W50 zu übernehmen. Ich meldete mich auch dazu. Das war in der Stadt Triptis. Als wir zurück waren und die neuen Getriebe gefertigt wurden, ist der Firma eingefallen die gesamte Arbeit der Abteilung neu zu bewerten. Wir bekamen alle neue Arbeitsverträge und sollten von einen Tag auf den anderen nur noch die Hälfte verdienen. Daraufhin kündigte ich im Getriebewerk. Ich suchte mir eine andere Arbeit. Auch habe ich mich in dieser Zeit wieder einer Sportart zugewandt. Ich trainierte 2-mal wöchentlich in der Sporthalle, in der mein Bruder zur Schule ging, Gewichtheben.

Das Training konnte ich absolvieren, weil ich mich beim Betreiber Empor Brandenburg anmeldete. Es war sehr intensiv und machte Spaß, weil auch viele gute Freunde dabei waren. Der Sport bedeutete mir sehr viel. Wir hatten in der Woche an zwei Tagen Training und fast an jedem Wochenende Turniere und Wettkämpfe. Es wurde schwierig mit meiner Zeit, denn meine neue Arbeit war außerhalb von Brandenburg. Wir waren immer auf Montage und bauten in der ganzen Republik Silos für Getreide und andere hohe Gebäude im Gleitbauverfahren. Irgendwie bekam man das aber immer wieder hin. Neben der Sporthalle war eine Schwesternschule. Dort lernten viele hübsche Mädchen Krankenschwester. Nach einiger Zeit lernte ich eines dieser Mädchen kennen und ich verliebte mich in sie.

Die Zeit verging und es war alles sehr schön.

Zu Hause spitzte sich die Situation zwischen meiner Mutter und ihrem Mann Paul zu. Es stand eine Scheidung im Raum. Eines Tages, ich war an einem Sonnabend tanzen gegangen, hatte auch ziemlich viel getrunken, als ich morgens von einem ziemlichen Krach aufwachte und meine Mutter und der Paul streiten hörte. Es ging richtig zur Sache und dabei bekam ich mit, wie er meine Mutter geschlagen hat. Ich stand sofort auf, ging ins Wohnzimmer und sah gerade noch wie er wieder ausholen wollte. Ich ging dazwischen, denn ich hatte durch meinen Sport auch ein neues Selbstbewusstsein. Ich schlug ihn mit der Faust mit aller Kraft gegen das Kinn. Er sackte zusammen und rutschte auf seinem Hinterteil durch das ganze Wohnzimmer bis an das Fenster. In dieser Aktion lag mein ganzer Frust. Mit diesem Schlag hatte sich die ganze Situation gewandelt und ich wurde nie wieder von ihm belästigt.

Die Scheidung meiner Mutter kam und wir waren nur noch zu viert zu Hause. Meine Mutter, Gerhard, Bernd und ich. Die Zeit verstrich, und mein Leben schien sich in normalen Bahnen zu bewegen. Ich arbeitete viel, trieb Sport und verbrachte meine freie Zeit mit meiner Freundin.

Sie wohnte im Internat, aber verbrachte auch viel Zeit bei uns zu Hause. Manchmal fuhr sie auch zu ihren Eltern, die ein Haus in einem Dorf in der Nähe von Rathenow hatten. Damals wusste ich noch nicht, dass das Lager, in dem mein Vater während des Krieges eingewiesen war, in der Straße in Rathenow war, die nach dem Dorf der Eltern meiner Freundin benannt war.

Eines Tages sprachen wir über ihre Eltern und kamen zu dem Entschluss, dass ich sie dort an einem Wochenende besuchen sollte. Zu dieser Zeit war ich nicht so kontaktfreudig und machte mich deshalb schweren Herzens auf den Weg. Ich fuhr mit dem Zug in die nächst gelegene Stadt und ging den Rest zu Fuß. Es war für mich ein schwerer Weg. Ich malte mir unterwegs immer wieder aus, wie ich empfangen werden würde. Als ich ankam war aber alles gut. Ich wurde freundlich aufgenommen. Nach und nach hatte ich jedoch das Gefühl das der Vater meiner Freundin nicht so glücklich mit der Wahl seiner Tochter war. Er arbeitete in der nahe gelegenen Stadt in einem Chemiewerk in einer etwas gehobenen Stellung und war, ich vermute es, in einer bestimmten politischen Stellung. Daher war der Draht zwischen uns ein wenig gestört. Als ich wieder nach Hause fuhr hatte ich kein gutes Gefühl. Trotzdem ging das Leben weiter und es war alles gut. Nach einiger Zeit kamen wir zu dem Entschluss, uns zu verloben. Die Wohnung meiner Mutter war sehr klein, und ich fragte meine Tante, der Schwester meiner

Mutter ob wir bei ihr feiern könnten. Sie hatte mit ihrer Familie eine sehr große Wohnung. Sie sagte zu. Es war eine schöne Feier, aber die Eltern meiner Verlobten kamen nicht, und auch meine Mutter glänzte mit Abwesenheit. Ich wusste nicht warum. Das war eventuell der Grund, das ich bei dieser Feier ein bisschen viel getrunken hatte und zum Abschluss in den Garderobenspiegel meiner Tante viel. Sie war nicht böse, sagte mir aber, das gäbe sieben Jahre Pech.

Einige Zeit danach stellten wir fest, dass meine Verlobte schwanger war. Damit konnte ich zu dieser Zeit gar nicht umgehen. Ich weiß nicht warum. Aber vielleicht war ich zu jung oder zu unerfahren. Meine Zeitabläufe änderten sich jedenfalls nicht. Ich arbeitete weiter auf Montage und ging meinem Sport nach. Im Juli 1965, und zwar 31.07.1965 das war ein Tag vor meinem 21. Geburtstag, gab es in Potsdam die Jugendspartakiade. Ich war in der Mannschaft, das ging noch, da ich ja noch 20 Jahre alt war. An dem Tag wurde ich auch Spartakiade Sieger. Das wurde abends in der Innenstadt von Potsdam groß gefeiert. Die ganzen Gewichtheber und auch die Boxer von Empor Brandenburg versammelten sich und ließen mich hochleben. Das heißt sie ergriffen mich und warfen mich immer wieder in die Luft. Wir hatten sehr viel Spaß. Es wurde immer weniger, dass ich meine Verlobte sah und die Arbeit und der Sport gingen immer mehr vor. Ich machte mir darüber nicht so viele Gedanken. Aber auch meine Verlobte hielt sich zurück. So kam es, dass wir uns immer seltener sahen. Das Jahr verging und 1966 begann. Schon im Februar erreichte mich die Nachricht, dass meine Verlobte in Rathenow ins Krankenhaus eingeliefert wurde und einen Jungen zur Welt gebracht hatte. Das war am 28.02.1966 an einem Montag. Auch jetzt war ich überfordert, ich wusste nicht wie ich mich verhalten sollte.

Dennoch machte ich mich an einem Dienstag auf den Weg nach Rathenow. In dieser Jahreszeit war es in der DDR nicht einfach, Blumen zu kaufen. Das einzige, was ich in Rathenow im Blumenladen bekam, war ein Topf mit Primeln. Ich kaufte die Blumen, nahm sie mit ins Krankenhaus und ich schämte mich deswegen, denn niemand wusste dass ich auch gern andere Blumen mitgenommen hätte. Meine Verlobte ließ sich nichts anmerken und war trotz der Blumen freundlich und bat die Schwester, mir den Jungen zu zeigen. Die holte den kleinen Kerl und ich war erstaunt und auch glücklich, denn er sah so niedlich aus und lächelte sogar.

Für diesen Tag hatte ich von der Arbeit frei bekommen, aber schon am nächsten Tag musste ich wieder zur Arbeit das war irgendwo in der Republik, ich weiß nicht mehr wo. Die Arbeit war so aufgeteilt, das die eine Hälfte der Arbeiter Tagschicht hatte und die andere Hälfte Nachtschicht. Es durfte beim Gleit-Bau keinen Stillstand geben. Es musste Tag und Nacht Beton geschüttet werden, damit er immer verbunden war, bis das Gebäude die richtige Höhe hatte.

Beim Gleit-Bau drückte sich die Schalung auf dem geschütteten Beton hydraulisch hoch.

Die Arbeit nahm mich voll in Anspruch, denn wir arbeiteten in bis zu vierzig Metern Höhe und da musste man immer auf der Hut sein. Ich arbeitete dort als Eisenflechter und war somit immer mit an der höchsten Position. Wir benötigten für einen Bauzyklus zirka drei Wochen, jeden Tag 12 Stunden. Danach hatten wir eine Woche frei. So ergab es sich, dass wir jeden Monat in einer anderen Stadt oder Gegend waren. Wir waren zum Beispiel einen Monat in Gera, den nächsten in Berlin und danach in Pritzwalk und dann an der Ostsee, danach wieder in Kyritz. Es war eine wilde Truppe, die sich da zusammen gefunden hatte. Da gab es keine Zeit sich um private Dinge, wie sich um ein neu geborenes Kind zu kümmern. Manchmal vergas ich das auch. In der freien Zeit war dann auch noch der Sport. An den freien Wochenenden gingen wir dann in Gaststätten und zum Tanz.

 Auch während der Arbeitsphase hatten wir zwischendurch immer zwölf Stunden Zeit. Da war es nicht selten, dass wir in Gaststätten gingen oder uns etwas zu trinken in unsere Unterkunft holten. Oft hatten wir auch verrückte Ideen, so zum Beispiel in Gera, machten wir uns den Spaß in einer Gaststätte. Dort war an einem Tag auch ein einheimischer Gast. Der war sehr betrunken und es war Ausschank Schluss, einer der Kollegen bemerkte, dass der Mann ein Holzbein hatte. Kurzer Hand nahm er seinen Zimmermannshammer und nagelte das Holzbein an die Dielung. Diese Hämmer hatten wir alle immer dabei. Am nächsten Tag hörten wir, dass der Mann in seinem betrunkenen Kopf, das Holzbein abgeschnallt hatte, irgendwie nach Hause kam und die Prothese am nächsten Vormittag abholte. Solche und andere Streiche hatte immer einer drauf. Wir dachten uns nichts dabei .So ging die Zeit vorbei, wir hatten Spaß, arbeiteten viel und machten uns keine Gedanken um unsere Zukunft. Auch beim Sport gingen die Erfolge weiter. Wenn ich das aus heutiger Sicht betrachte, war ich ein ganz normaler Jugendlicher. Aber die Wirklichkeit sollte mich einholen, denn nachdem ich die Vaterschaft anerkannt hatte, bekam ich auch eine Aufforderung Alimente zu zahlen. Ich wusste, dass das meine Pflicht war, aber da die Beziehung eingeschlafen war, hatte ich auch nicht das Verständnis dafür. Ich kam dieser Pflicht nicht immer nach. Die Wirklichkeit, die mich einholen sollte, bestand nicht nur aus den nicht immer ordnungsgemäßen Zahlungen für das Kind, sondern auch darin, wie mein Leben insgesamt weitergehen sollte.

Das ging unbekümmert weiter und meine Gedanken waren immer öfter bei der freien Zeit nach der Arbeit und beim Wochenende, wo es sich einfach um das Vergnügen und die damit anstehenden

Annehmlichkeiten handelte. So kam ein Sonnabend im Mai 1966. Wir, das heißt ein paar Freunde und ich gingen abends in Brandenburg in das sogenannte Amerikahaus. Das war ein angesagter Saal auf dem Gelände einer ehemaligen Werft, in der sonnabends Tanzveranstaltungen stattfanden. An diesem Tag gab es dort ein Bockbier Fest. Es fing gut an und alle waren sehr fröhlich und guter Stimmung. Als die Zeit vorgerückt war und alle schon genügend Bockbier getrunken hatten, stand ich an der Baar und wollte mir einen Schnaps holen. Die Bedienung gab mir diesen und ich prostete einem Mädchen zu, das ich kannte. Der derzeitige Freund bekam das in den falschen Hals und schlug mir ins Gesicht. Natürlich wehrte ich mich und es mischten sich immer mehr Leute ein. Mich kannten viele der Gäste und auch der Andere hatte etliche Bekannte. So gab es eine ausgewachsene Schlägerei, an der am Ende ca. 250 Personen beteiligt waren. Es gab viele Verletzte und die Leitung der Gaststätte rief die Polizei. Als die kam und bemerkte, dass sie mit ihren fünf Beamten nichts ausrichten konnten, meldeten sie das ihrer Leitstelle und es wurde aus Potsdam eine Einheit der Bereitschaftspolizei gerufen. Die bekamen nach langem hin und her die Ordnung wieder hergestellt. Ich selbst wachte am anderen Morgen in der Untersuchungshaft in Potsdam wieder auf. Bei mir waren erhebliche Erinnerungslücken festzustellen. Man warf mir im Laufe der Befragungen Rädelsführerschaft bei Landesfriedensbruch vor.

Als ich das mitbekam erschreckte ich mich ziemlich, denn das würde vier oder mehr Jahre Gefängnis bedeuten. Aber es kam zu meinem Glück anders. Mein Trainer beim Gewichtheben war ein leitender Beamter bei der Kriminal Polizei in Brandenburg und war mit den Ermittlungen dieser Angelegenheit betraut. Im Laufe der Ermittlungen stellte er fest, dass nicht ich mit den Ereignissen begonnen hatte sonder derjenige der mich zuerst geschlagen hatte und damit das ganze Ereignis in Gang gebracht hatte. Somit wurde ich nach vier Tagen wieder entlassen und das Ganze hatte keine weiteren Folgen.

Im Juni 1966, ich arbeitete in Pritzwalk an einem Getreidesilo, gingen ein Kollege und ich nach Feierabend in die dortige Bahnhofsgaststätte und wollten ein paar Bier trinken. Wir tranken und unterhielten uns und der Zeitpunkt kam, an dem wir uns auf den Weg in unsere Unterkunft machten. Auf dem Weg zur Unterkunft, mussten wir durch einen Park gehen. Ich war müde und hatte es ziemlich eilig. Der Kollege blieb etwas zurück und dann bemerkte ich, dass er sich mit einem Ehepaar, die fast den gleichen Weg hatten, auseinander setzte. Es flogen beleidigende Worte hin und her. Ich schaute mir diese Angelegenheit aus einer ziemlichen Entfernung an und hielt mich aber zurück. Nach einiger Zeit sah, ich wie der Mann des Paares seinen Regenschirm nahm und auf meinen Kollegen einschlug. Mehrmals und immer wieder. Mein Kollege rief um Hilfe, weil er dagegen nicht ankam. Zu diesem Zeitpunkt, ich war ca. 20m entfernt, drehte ich mich um und eilte dann zur Hilfe. Ich tat nur eins, ich schlug dem Mann mit meiner rechten Faust genau auf das Kinn und nur ein einziges Mal. Der Mann stürzte zu Boden und war einen kleinen Moment bewusstlos. Wir überzeugten uns, dass nichts weiter passiert war und traten auch schnell den Heimweg an. Ich dachte, es wäre nichts weiter passiert und alles wäre in Ordnung. Wir nahmen am anderen Morgen wieder unsere Arbeit auf und taten das auch weiter bis der Arbeitszyklus zu Ende war. Danach fuhren wir nach Hause, nach Brandenburg und freuten uns auf die freie Woche. Ein paar Tage später, bekam ich Post von der Kriminalpolizei. In dem Brief stand, dass ich auf die Wache zur Klärung eines Sachverhalts kommen solle. Ich sollte erfahren, dass diese Klärung lange dauern würde. Man warf mir vor, eine gefährliche Körperverletzung begangen zu haben. Weil ich Gewichtheber war, wurden meine Arme mit der Faust als Waffe bezeichnet. Das ich meinem Kollegen nur geholfen habe sah man ganz anders, denn wie ich später erfuhr, nahm man mir übel das es der Parteisekretär eines nahe gelegenen Betriebes war. Mir wurde weiterhin unterstellt, dass ich dies gewusst habe und ihn aus diesem Grund geschlagen hätte. Ich hatte keine Möglichkeit das Gegenteil zu beweisen. Aber die Nähe zu meiner ersten Verurteilung, der Staatsverleumdung ist mir aufgefallen und als ich das gesagt habe wurde ich noch verspottet. Die Untersuchungshaft dauerte verhältnismäßig lange. Am Ende war die Verhandlung und es gab für mich eine Strafe von einem Jahr und neun Monaten Haft. Der Transport nach dem Urteil war wieder sehr lang und quer durch die Republik. Gelandet bin ich dann in Rüdersdorf. In Rüdersdorf war ein Gefangenenlager von dem aus die Insassen zur Arbeit in dem ortsansässigen Zementwerk eingesetzt wurden. Meine Aufgabe dort war das Verladen des frisch hergestellten Zements in Wagons der deutschen Reichsbahn und in LKWs. Die ersten Wochen wurde ich in die Arbeit eigewiesen und es war sehr schwer. Die Zementsäcke waren fünfzig Kilogramm schwer und der Zement hatte zum Zeitpunkt der Verladung eine Temperatur von bis zu siebzig Grad. Meine Hände und die Unterarme waren stets wund und es brannte fürchterlich. Als ich mich daran gewöhnt hatte ging es darum, die Norm zu schaffen. Man musste in acht Stunden zehn Wagons beladen. Die Säcke mussten gerade übereinander und in gleichen Reihen liegen, denn es musste alles übersichtlich sein damit sich niemand dort verstecken konnte. In einem Wagon wurde ein Gewicht von vierzehn Tonnen gestapelt. Das waren also mindestens einhundert vierzig Tonnen die ich jeden Tag mit meinen Händen bewegen musste. Sie wurden auf einem Förderband zu mir transportiert und zwar in Abständen von fünf Sekunden. Das war genormt, denn es sollte ja keine Erholung sein. Die Einarbeitung war sehr anstrengend und es gab viel Schweiß und Blut, denn immer wieder rieb ich mir die Unterarme wund. Die Monate vergingen und ich gewöhnte mich daran. Nach der Eingewöhnungszeit machte mir die Arbeit keine Probleme mehr und ich war der schnellste von Allen. So wurde ich auch dann zum Vorarbeiter gemacht und war Chef der Packer wie sich die Kolonne nannte.

Es spielten sich auch bestimmte Abläufe ein. So zum Beispiel bei der Beladung von LKWs. Sie standen schon morgens in einer Reihe an und warteten, dass sie beladen werden. Es ging immer der Reihe nach, aber es gab Ausnahmen. Die Fahrzeuge kamen aus der DDR aus Westberlin aber es gab auch Russen, die Zement abholten. Wir hatten die Anweisung zuerst die LKW aus Westberlin zu beladen, denn die brachten dem Staat Devisen, als zweites die Russen, denn das waren die Freunde der DDR und zum Schluss wurden unsere LKW aus der DDR beladen, da gab es keine Privilegien. So ergab es sich, dass einzelne Fahrer sich an mich wanden um eher beladen zu werden. Dafür boten sie mir auch Geld, Bier und Zigaretten an. Das waren welche mit DDR Fahrzeugen und auch welche aus Westberlin. Eines Tages, wir waren total überarbeitet und auch richtig gefrustet, sagte ein DDR LKW Fahrer zu mir er habe überhaupt keine Zeit und ich solle ihn vorlassen. Ich machte mit ihm aus, dass er wieder aus dem Betrieb rausfahren solle, Bier und Wodka kaufen soll und uns das mitbringt, dann würde er sofort als Erster dran kommen. Natürlich gab ich ihm auch von unserem Geld für die Sachen. Er sagte zu und fuhr los. Nach ungefähr 20 Minuten war er wieder da und hatte alles dabei, was wir haben wollten. Wir machten unsere Arbeit und beeilten uns, damit wir an diesem Tag schneller fertig werden. Zwischendurch kosteten wir immer mal von dem Bier und auch von dem Wodka. Nach der langen Zeit der Abstinenz dauerte es nicht lange und der Eine nach dem Anderen hatte einen kleinen Schwips. Bevor es Feierabend wurde und uns der Bus abholte um uns wieder in das Lager zu bringen tranken wir den Rest der alkoholischen Getränke. Auch waren an diesem Tag einige LKW Fahrer aus Westberlin da, die Zement geladen haben. Die Fahrer gaben mir als Trinkgeld Zigaretten aus dem Westen. Ich teilte diese unter den Kollegen auf. So hatten wir einen gemütlichen Nachmittag. In dem Moment vergas man direkt, das man im Gefängnis war und es war alles so leicht. Das böse Erwachen kam dann am anderen Morgen. Die gesamte Mannschaft wachte in den Arrestzellen auf. Wir wurden verhört und erfuhren dabei, dass der ganze Bus nach Alkohol gestunken hat und die Wärter es sofort gemerkt hatten. Für mich war an diesem Tag die Arbeit im Zementwerk zu Ende.

Nach 24 Tagen strengen Arrest, der folgende Einschränkungen beinhaltete: Morgens, Mittags und Abends gab es jeweils eine Scheibe trocken Brot mit Malzkaffe und Abends wurde die Liege in der Zelle herunter gelassen, denn tagsüber war sie hochgeklappt und angeschlossen damit man sich nicht hinlegen konnte und es gab für die Nacht nichts zum Zudecken oder so. Die 24 Tage gingen sehr langsam vorbei und die Wärter waren sehr gekränkt, denn auch sie waren schuld das alles so gekommen ist. Die Lagerführung machte sie für alles verantwortlich weil sie ihre Aufsichtspflicht vernachlässigt hatten. Deshalb ließen sie sich immer noch einige Gemeinheiten einfallen. Nach Ende des Arrestes war für mich der Aufenthalt in Rüdersdorf beendet. Man brachte mich, der ja der Anstifter war, wieder auf Transport. Ich wusste nicht wo es hinging. Nach vielen Tagen, wieder quer durch die Republik kam ich in meinem Bestimmungsort an. Es war das Zuchthaus Bautzen. genannt: "Das gelbe Elend". Dort musste ich wieder alle Aufnahme Prozesse durchlaufen. Die Wärter ließen es mich merken, dass sie genau wussten warum ich dort war. Der Tag kam, an dem ich eine Arbeit zugewiesen bekam. Ich musste, wie viele Andere die Kinderzeitung „Fröhlich sein und singen" herstellen. In dieser Zeitschrift wurden Kinder dazu animiert bestimmte Sachen zu basteln und wir mussten die Sachen dafür vorbereiten. Alles natürlich im Sinne der Staatsmacht und auf sozialistische Art und Weise. Ich wunderte mich nur das Niemand außerhalb des Zuchthauses wusste, dass die Kinder Zeitschrift dort hergestellt und bearbeitet wurde. So wurde von morgens um 7.00 Uhr bis abends um 17.00 Uhr gebastelt und das im Akkord. Wir mussten unsere Norm schaffen, denn die Kinder warteten im Freien auf ihre Zeitung, aber sie sollten auch nicht wissen wo die herkam. Die Zeit dort verging schleppend. Wir waren in Großraum Zellen untergebracht. 30 bis 50 Gefangene waren in einer Zelle zusammen eingesperrt. Im selben Raum gab es eine Toilette und für alle 3 Wasserhähne. Wir mussten dort auch arbeiten und schlafen. Für mich war diese nervige Zeit Gott sei Dank, nach vier Monaten zu Ende.

Im Januar 1968 wurde ich entlassen. Als ich nach Hause kam, war eine völlig andere Familie in unserer Wohnung. Meine Mutter hatte inzwischen einen Bewohner aus unserer Straße kennen gelernt. Er wohnte geradeüber von uns. Es war abzusehen, dass sich dort etwas entwickelte. Aber das war nichts für mich. Bald merkte ich, der Mann war Hauptbuchhalter in dem größten Zeitungsverlag Brandenburgs, somit war für mich auch klar, dass er ein hoher Funktionär der SED war. Dazu kam noch - sein erster Sohn war Oberstleutnant bei der Nationalen Volksarmee, also vom gleichen Schlag. Auch der zweite Sohn hatte einen besonderen Beruf. Er war Arzt. Ungefähr eine Woche nachdem ich entlassen wurde, lud man die ganze Familie zum Kennenlernen in eine Gaststätte in unserer Straße ein. Mir war das nicht recht, denn ich konnte mit diesen Menschen nichts anfangen. Ich wollte es auch nicht. Trotzdem fügte ich mich, um nicht gleich wieder Ärger herauf zu beschwören. Es kam dann alles ganz anders. An dem Abend wurde gegessen und ziemlich viel getrunken. Ungefähr um 21.00 Uhr kam auch die Frau des ersten Sohnes und das beflügelte den ganzen Rest dieses Tages. Sie gab sich lustig und lockerte die Stimmung auf. Dabei erfuhr ich, dass sie Gemeindeschwester war und Kranke, die nicht mehr zum Arzt gehen konnten, zu Hause betreute. Sie gab sich aber kaum mit ihrem Mann ab und das kam mir schon komisch vor. Nach dem der Abend vorbei war gingen wir nach Hause und ich erwachte am andren Morgen mit einem ziemlichen Kater. In den nächsten Tagen hatte ich eine ganze Menge zu tun, ich musste mich bei der Polizei melden mir Arbeit suchen und noch verschiedene Wege erledigen. An einem dieser Tage, ich hatte noch gar nicht richtig ausgeschlafen, klingelte es an unserer Wohnungstür. Ich ging hin und öffnete die Tür. Davor stand die Gemeindeschwester mit einem breiten Lächeln im Gesicht und fragte mich, ob ich sie nicht eintreten lassen wolle. Sie war ziemlich attraktiv und ich bat sie herein. Wir unterhielten uns an diesem Tag sehr lange über Gott und die Welt und ich hatte Spaß daran. Irgendwann wurde aber ihre Zeit knapp, denn sie musste noch einige Patienten besuchen und behandeln. Es war nicht der einzige Besuch vormittags von ihr. Hin und wieder stand sie vor der Tür. Die Gespräche wurden immer intensiver und sie erzählte auch von ihrer Ehe mit dem Oberstleutnant. Sie sagte mir, dass sie mit dem Mann fünf Kinder hat, aber auch, dass, das Leben in dieser Ehe nicht mehr so richtig läuft. Er schlug die Kinder und auch sie. Darunter litt sie sehr. Ich konnte das alles nicht so richtig verstehen und mir auch nicht vorstellen. Die Gespräche an den Vormittagen wurden intensiver und immer öfter. Obwohl sie sichtlich unglücklich war, hatte sie auch eine fröhliche Seite. So kam es eines Tages in einem Gespräch zu einer Wette zwischen uns und der Wetteinsatz war ein Kuss. Egal, wer diese Wette gewann, geküsst wurde auf jeden Fall. So kamen wir uns näher und ich verliebte mich. Das war der Anfang einer Beziehung, die in der Familie große Veränderungen nach sich zog. Es blieb nicht aus, dass der Ehemann etwas bemerkte und sein Vater, der Lebensgefährte meiner Mutter stand eines Nachmittags mit einem Messer vor mir und bedrohte mich. Er wollte mich dazu bewegen, die Sache zu beenden, aber ich konnte mich seiner entledigen. Im Ergebnis dieser Auseinandersetzung zog ich aus der Wohnung meiner Mutter aus und in die Wohnung der Frau und ihrer Kinder ein. Ihr Mann kam ab diesem Zeitpunkt nicht mehr in die Wohnung. So begann für mich ein ganz neues Leben mit einer Frau, die neun Jahre älter war als ich und mit fünf Kindern. Es waren vier Jungen und ein Mädchen zwischen 12 und 6 Jahren. Sehr schnell fand ich eine Arbeit, die mich aber nicht besonders befriedigte. Es war ein Job in einem Betonwerk, in dem ich erst als Pförtner und später in der Produktion arbeitete. Aber lange hielt ich es dort nicht aus und suchte weiter nach Arbeit. Einige Monate später fand ich eine Anstellung in dem

Stahl und Walzwerk Brandenburg. Dort begann ich eine Tätigkeit in der mechanischen Werkstatt und zwar am Langhobel. Die Arbeit kam dem näher, was ich gelernt hatte und es war ein wenig mehr Geld als im Betonwerk.

Seit einiger Zeit arbeitete ich schon im Stahl und Walzwerk in Brandenburg. Die ganze Arbeitszeit war in 3 Schichten aufgeteilt.

Mit der Zeit war auch die Tätigkeit am Langhobel sehr langweilig, denn oft war es so, dass man zur Nachtschicht kam, eine Stunde seine Maschine einrichtete und dann die nächsten 7 Stunden daneben sitzen musste und nichts mehr zu tun hatte, wenn es keine Probleme gab. So bemühte ich mich um eine Stelle in der Schmiede, die gleich daneben war. Dort hatte man wenigstens die ganze Schicht etwas zu tun. Auch in der Schmiede fand ich mich zurecht, da ich ja die Lehre als Kunst und Bauschlosser gemacht hatte. Da hatten wir überwiegend mit Schmiedearbeiten zu tun. Ich arbeitete mich schnell ein und ich verstand mich auch mit den Kollegen gut. Irgendwann bemerkte der Meister, das ich mich außerdem gut mit den Werkstoffen auskannte und versetzte mich zur Probe in die Härterei, die auch zur Schmiede gehörte. Dort machte mir die Arbeit besonders Spaß, da ich da selbstständig arbeiten konnte. Man musste mir nur einen Härtegrad sagen, den ein Stahl haben sollte und dann konnte ich das bewerkstelligen. Es machte mir einfach Spaß und ich konnte dort bleiben

Ich musste schon darauf achten, dass ich einigermaßen Geld verdiente, denn mit einem Mal musste ich ja für eine ziemlich große Familie sorgen.

In meinem Leben ging das auf und ab weiter. Der noch Ehemann meiner Bekannten versuchte immer wieder einen Keil in die Beziehung zu treiben. Er versuchte die Kinder zu manipulieren oder zahlte kein Kindergeld und er tauchte immer wieder in der Wohnung auf, wenn wir nicht da waren. Es war in dieser Anfangszeit nicht einfach. Aber das Leben ging weiter und mit der Zeit wurde auch alles ruhiger und es normalisierte sich alles.

Die Frau, mit der ich zusammen war hieß Lieselotte, aber jeder sagte „Lilo" zu ihr. Sie war durch das Leben mit dem Offizier der Nationalen Volksarmee gewöhnt, keine finanziellen Probleme zu haben und hatte trotzdem immer Geldsorgen. So kam es immer wieder dazu, das sie am Ende des Monat bei verschiedenen Einzelhändlern nicht bezahlen konnte und anschreiben lies. Ich nahm mir vor das zu beenden und arbeitete besonders viel und begann auch selbst einzukaufen und das Geld einzuteilen.

Die Kinder mussten ja jeden Tag Essen haben und auch für die Schule und bei dem täglichen Leben wurde Geld benötigt. Mit der Zeit und nach vielen Diskusionen wurden diese Probleme bewältigt. Ihr jüngstes Kind, das Mädchen ging noch in den Kindergarten. Dort wurde sie dann abends immer abgeholt.

Die Kindegarten Schwester war mit Lilo befreundet. Ich entdeckte, wenn Lilo das Mädchen allein abholte, sie mit der Kindergärtnerin immer noch lange redete und dabei die Zeit vergaß. Aber es wurde nicht nur geredet, sonder sie tranken bei ihren Gesprächen auch immer mehr oder weniger alkoholische Getränke. Wenn ich dabei war, wurde es mit der Zeit auch weiter so gehandhabt. Manchmal ging sie oder auch wir danach noch zu einer Freundin von Lilo aus früheren Zeiten, die genau die gleichen Erfahrungen in ihrer Ehe gemacht hatte. Auch sie war mit einem Offizier der Nationalen Volksarmee verheiratet, wurde betrogen und hatte sich scheiden lassen. Auch sie hatte inzwischen einen jüngeren Freund und fünf Kinder. Die Geldprobleme waren die Gleichen. Auch bei diesen Besuchen gab es immer wieder und immer mehr Alkohol. Aber ich sah es zu dieser Zeit nicht so problematisch, denn wir waren glücklich miteinander und auch mit der anderen Familie befreundet. Auch unternahmen wir eine ganze Menge mit den Kindern in der Freizeit.

Lilo arbeitete weiter als Gemeindeschwester und war den ganzen Tag mit ihrem Fahrrad unterwegs. Sie musste ihren Patienten Medikamente geben, sie pflegen, für sie einkaufen aber auch bei besonderen Krankheiten spritzen. So kam es nach einiger Zeit dazu, dass sie Ausschläge, erst an ihren Händen, und später am ganzen Körper bekam. Sie musste selbst zum Arzt und es bestätigte sich, sie hatte eine Allergie bekommen. Es stellte sich bei Tests heraus, dass sich die Allergie auf ihre Arbeitsmittel, wie verschiedene Medikamente, Nickel und Chrom bezog. Das waren die Metalle, mit denen sie in Berührung kam, wenn sie die Spritzen berührte. Sie wurde krankgeschrieben und musste zur Kur fahren. In diesen Zeiten betreute ich die fünf Kinder allein. Ich weckte sie morgens und schickte sie zur Schule. Das Mädchen brachte ich in den Kindergarten und machte mich dann daran für die Jungen Mittagessen zu kochen. Danach machte ich mit ihnen Hausaufgaben und holte nachmittags das Mädchen auch wieder vom Kindergarten ab. Das konnte ich nur machen, weil ich das in meinem Betrieb abgesprochen hatte und ich nahm auch zum Teil meinen Jahresurlaub dafür. Ich hatte zu dieser Zeit eine Nähe zu dieser Familie aufgebaut. Es war der Januar 1969 als wir bemerkten, dass Lilo schwanger geworden ist. Ich wollte nicht noch einmal den gleichen Fehler, wie bei meiner damaligen Verlobten und meinem Sohn Karsten machen, wir besprachen die Situation und beschlossen den nächsten Schritt zu gehen und zu heiraten. Der Termin wurde für den 28.02.1969 festgelegt. Wir konnten es einrichten, das alles klappte.

Wie geplant, fand am 28.02.1969, unsere Hochzeit statt. Der Zufall hatte dieses Datum gewählt, denn es war kein anderer Termin verfügbar und mich erinnerte das Datum an die Geburt meines Sohnes Karsten. Immer wieder musste ich in den Wochen davor und auch danach daran denken. Ich fragte mich wie es ihm gehen würde und ich dachte, es geht ihm gut und er wächst bei seiner Mutter, meiner ehemaligen Verlobten auf. Ich wusste es nicht besser und ich hatte auch keinen Grund dieses zu bezweifeln.

Am Tag meiner Hochzeit fand eine sehr schöne Feier statt. Meine Tante, die Schwester meiner Mutter, half uns dabei. Ihr Mann, mein Onkel, hatte sich in der Zeit, die er mit meiner Tante verheiratet war, das Backen angenommen und hat für uns die Kuchen und Torten gebacken. Traurig war ich bei der Hochzeit, das sich meine Mutter total rausgehalten hatte, aber ich verstand sie auch, denn sie war ja mit dem Vater, dem ehemaligen Schwiegervater meiner Frau zusammen. Wir feierten und tanzten bis in den frühen Morgen. Der Tag ging vorbei und der Alltag holte uns wieder ein. Lilo musste wieder zur Kur, die Kinder zur Schule und ich musste auch wieder arbeiten. So verging die Zeit und es kam der Sommer 1969.

Am 1. August hatte ich Geburtstag und wurde 25 Jahre alt. Als der September kam, rückte auch die Niederkunft meiner Frau näher. Es ging sehr schnell. Am 15. September wurde meine Tochter Jacqueline geboren. Ich war sehr glücklich. Sie war ein süßes Baby und da ich in dieser Zeit von Jacqueline Kennedy fasziniert war, bekam auch meine Tochter diesen Namen. Da Jacqueline das 6. Kind in der Familie war, übernahm der damals Staatsratsvorsitzende, Walter Ulbricht, die Patenschaft für das Kind. Wir hatten nichts davon. Meine Tochter bekam dafür von den Funktionären einen Anorak, der einem Kind mit 5 Jahren passen würde und das war alles. Das zeigte mir wieder einmal wie sich Ulbricht und Konsorten sogar um die kümmerten, denen sie angeblich was Gutes tun wollten. Das aber war mir egal. Ich liebte meine Tochter sowieso. Sie war ein kleines niedliches Mädchen, das beschützt und behütet sein sollte. Das hätte ich niemals diesem Staat überlassen. Trotzdem glättete sich mein Leben im Schoß dieser Familie. Nur belastete mich das Verhältnis zu meiner Mutter. Sie wollte keinen Kontakt zu mir, denn sie bangte um ihre Beziehung zu dem Partei Bonzen, der der Vater des ersten Mannes meiner Frau war. Es belastete mich auch sehr, dass sie sich nicht um eine Beziehung zu meiner Tochter kümmerte.

Es gab aber auch andere Begebenheiten die mein Leben berührten. So erfuhr ich eines Tages, dass mein Bruder Gerhard inhaftiert worden ist. Man sagte mir er hätte versucht die DDR illegal zu verlassen. Also wollte auch mein Bruder in die Bundesrepublik Deutschland flüchten, weil er es in der DDR nicht mehr aushielt, denn die Repressalien wurden immer größer. Man wurde ja schon gegängelt wenn man sich bei Wahlen nicht so verhielt, wie es die Oberen wünschten oder man gar nicht daran teilnahm. Es tat mir sehr leid, denn mit meinen beiden Brüdern hatte ich ein überaus gutes Verhältnis. Sie kamen sehr oft zu mir zu Besuch und wir führten immer anregende und auch politisch motivierte Gespräche. Aber wir feierten auch das eine und andere Mal zusammen. Eines Tages bekam ich Post. Es war eine Aufforderung zur Musterung für die Einziehung zum Militärdienst der Nationalen Volksarmee. Der Termin dafür war in einer Woche. Ich hatte keine Möglichkeit dieser Aufforderung fern zu bleiben. Man hätte mich sofort eingesperrt und ich wäre wieder im Gefängnis gelandet. Das konnte ich mir mit meiner Familie nicht leisten und der Familie auch nicht zu muten. Also ging ich dort hin. Die Musterungsstelle war in Brandenburg im Fontaneclub eingerichtet. Als ich dort ankam, sah ich sofort was mich erwarten würde. Ich war nicht der Einzige, der dort gemustert werden sollte. Wir waren ca. 15 Kandidaten und alle im gleichen Alter, so zwischen 24 und 26 Jahren. Die Altersgrenze war auf 27 Jahre für die Einziehung laut Gesetz festgelegt. Also wollte man die Leute erfassen, die man ab 1961 nicht bekommen konnte, da sie zu in dieser Zeit zu 90 Prozent wegen politischen Angelegenheiten eingesperrt waren. Aber man wollte sie dennoch nicht laufen lassen und nochmals der politischen Gewalt des Staates aussetzen. Alle, die vor mir dran waren, kamen aus dem Befragungszimmer mit betretenen Gesichtern und teilten uns noch Verbliebenen mit, das sie zu den Mot, Schützen einberufen werden. Mir wurde immer mehr übel im Magen und ich nahm mir vor, mich nicht unterkriegen zu lassen. Als ich aufgerufen wurde, begab ich mich in das Zimmer für die Anhörung. Als ich dort hineinkam saßen 5 Offiziere vor mir. Sie sahen mich mit grimmigen Gesichtern an und ich ahnte nichts Gutes. Aber es kam anders, als ich es mir vorher ausgemalt hatte und ich dachte an meine Familie. Auf die Fragen der Offiziere antwortete ich sicher und mit Bedacht. Sie kamen mit ihren Fragen zum Schluss. Der Oberste von denen teilte mir mit, dass auch ich eingezogen werden sollte. In diesem Moment sprudelte es aus mir heraus. Ich erzählte genau diesem von meiner Familie. Dabei merkte ich, dass er genau wusste, wer ich bin und das ich für die Familie sorgte, für die eigentlich einer seiner Offiziers Kollegen und zwar ein Höherer verantwortlich sein sollte. Ich fragte ihn gezielt, ob er dann, wenn ich weg bin für meine Frau und deren Kinder einkaufen gehen wolle, alles die Treppen hoch schleppt und ob er es sich dann dort gemütlich machen möchte. Auch erzählte ich noch einmal in aller Deutlichkeit, wie es zu dieser Situation, das der Herr Oberstleutnant seine Frau und seine Kinder geschlagen hatte und immer fremd gegangen sei, gekommen war. Sie waren alle 5 überrascht, tuschelten miteinander und schickten mich raus, ohne einen konkreten Hinweis. Nach einigen Wochen bekam ich die Nachricht, dass ich ausgemustert sei. Da war ich sehr erleichtert. Auch registrierte ich für mich, dass man mit seiner Meinung nicht hinter dem Berg halten soll, sondern dass man auch manchmal seine Stimme benutzen soll und dass sagen soll, was man denkt. In dieser Situation hat es mir jedenfalls geholfen. So ging das Leben weiter und ich hatte sehr große Freude meine Tochter aufwachsen zu sehen. Oft fuhren wir an den Wochenenden hinaus in die Natur um uns zu von den anstrengenden Arbeitstagen zu erholen. Da ging es mal in den Wald, mal an einen See um zu baden aber wir schauten uns auch Gärten in den Kleingartenanlagen in der Umgebung von Brandenburg an. Eines Tages, wir waren an der Malge, das war ein Badeort in der Nähe von Brandenburg, als wir auf der Rückfahrt, wir waren immer mit dem Fahrrad unterwegs, in der Nähe der Plane eine Kleingartenanlage sahen, die unser Interesse weckte und wir sie uns näher ansahen. An der Laube des Gartens war ein Schild angebracht war, auf dem stand, dass ein neuer Pächter gesucht wurde. Wir sahen uns den Garten sehr gründlich an und fuhren dann nach Hause. Dort angekommen führten wir lange Gespräche und stellten gemeinsam fest, dass wir ein ziemlich großes Interesse an diesen Garten hatten. Wir erkundigten uns an wen wir uns wenden müssen und welche finanziellen Mittel dazu benötigt werden. Nach langem hin und her waren wir uns einig und fanden auch eine Möglichkeit der Finanzierung. Das war ja in der DDR nicht einfach. Einige Wochen später konnten wir den Vertrag unterschreiben und somit den Kleingarten übernehmen. In den nächsten Wochen und Monaten brachten wir den Garten auf Vordermann und hatten auch eine gute Ernte mit Äpfeln, Birnen, Kirschen, Möhren, Kohlrabi, Bohnen, Lauch und vielem anderen Obst und Gemüse. So kam langsam aber sicher das Geld, das wir eingesetzt hatten wieder rein. Das dauerte zwar lange aber es ging. Aber auch der Erholungswert, den wir dort draußen erfuhren war für uns sehr wichtig. Eines Tages, im Jahr 1971, fuhr ich mit Jacqueline auf dem Kindersitz meines Fahrrades zu unserem Garten. Auf dem Weg dorthin musste ich durch die Wilhelmsdorferstrasse fahren um unseren Garten zu erreichen. Immer, wenn ich dort lang fuhr, kam ich an einem großen Brandenburger Baubetrieb, dem BMK Ost, vorbei. Ich wusste, dass dort meine Mutter arbeitete und an diesem Tag sah ich wie sie aus einem Fenster ihres Büros raus sah. Ich nahm die Gelegenheit wahr und hielt dort an. Das war die erste Gelegenheit meiner Mutter meine Tochter zu zeigen. Sie begrüßte uns aber leider reserviert. Ich war den ganzen Tag nicht mehr zu gebrauchen, denn ich hatte mir so eine Begegnung anders vorgestellt. Meine Mutter kannte ich von früher immer als liebevolle und freundliche Frau. Das war an diesem Tag aber ganz anders. Ich wusste nicht warum das, so war, aber das sollte ich in den nächsten paar Wochen erfahren. So ergab es sich, dass Jacqueline ihre Oma nie bewusst kennen gelernt hat. Ich lebte mich in der Gartenkolonie gut ein und verstand mich mit den meisten Gärtnern sehr gut. Auch die Ergebnisse des Gemüseanbaus waren in Ordnung und wir hatten immer Obst im Haus. Wir weckten davon ein und kochten

Marmelade. Auch Gemüse wurde eingekocht, denn es war nicht so wie jetzt, das man immer und zu jeder Jahreszeit alles zu kaufen bekam. Ich lernte in der Kolonie viele Nachbarn kennen. Im Herbst standen Vorstandswahlen an und einige bedrängten mich, das ich mich doch für das Amt des Vorsitzenden zur Verfügung stellen solle. Der alte Vorsitzende trat aus Altersgründen zurück und dadurch wurde ein anderer gebraucht. Wahrscheinlich wollte es keiner machen und deshalb drängte man mich dazu. Ich sagte zu und wurde auch Vorsitzender. Es kamen viele Aufgaben auf mich zu und ich merkte erst dann, worauf ich mich eingelassen hatte. So musste ich einen Lehrgang für Baumschnitt mitmachen und das Koloniefest organisieren. Mit der Zeit kam ich damit aber auch klar. Später führte ich sogar Lehrgänge für den Baumschnitt durch. Dann kam der Winter und im Garten war nicht mehr so viel zu tun. Der ganze Garten stand irgendwann unter Hochwasser. Man konnte gar nichts mehr dort machen, man musste bis zum Frühjahr warten und dann ging es ans Umgraben, sähen und pflanzen. Und alles machte mir Spaß. Ich baute auch eine neue Laube, die uns dann zum Übernachten diente und ich besorgte eine neue Pumpe damit die Wasserversorgung geregelt werden konnte. In meiner Familie lief alles gut und ich dachte so bei mir es könnte nichts Unangenehmes mehr passieren und wir wären mit den Unannehmlichkeiten über den Berg. Dann aber im Jahr 1972 kam mein Bruder Gerhard zu mir. Eines Abends pfiff es vor unserem Haus, ich sah aus dem Fenster und erkannte meinen Bruder. Ich hatte ihn lange nicht gesehen, denn er war ja in Haft wegen versuchter Republikflucht. Nun aber war er wieder da und wir freuten uns alle. Später war er dann oft zu Besuch bei uns und wir tranken am Wochenende immer mal ein paar Bier und so. Einmal aber war er sehr ernst und ich fragte ihn was los sei. Er erzählte dass unsere Mutter krank sei und im Krankenhaus ist. Er sagte weiter, das sie Krebs hat und keine lange Lebenserwartung mehr bestand. Es war wie ein Schock für mich. Ich wusste nicht was ich machen sollte. Wenn ich sie im Krankenhaus besuchen wollte, musste ich aufpassen, dass ich ihrem Ehemann nicht begegnete, der ja der erste Schwiegervater meiner Frau war. Ich erfuhr auch zu diesem Zeitpunkt, dass er und meine Mutter geheiratet hatten. Ich wollte dabei auch Streit bei dem Zustand meiner Mutter vermeiden. Meine Mutter hatte seit einiger Zeit ein Studium als Ingenieurökonom gemacht und sie bekam gerade in dieser Zeit das Diplom überreicht. Ich weiß jetzt, sie hatte nichts mehr davon. Die Zeit verging und ich schlich mich immer wieder ins Krankenhaus um meine Mutter so oft wie möglich zu besuchen. Es dauerte nicht mehr lange und der Frühling kam, es gab wieder viel Spaß aber auch Arbeit in unserem Garten und so hatten wir niemals lange Weile. Wenn die Arbeitszeit im Stahl und Walzwerk zu Ende ging, fuhr ich meistens direkt von der Arbeit in den Garten, denn ich wollte ja inzwischen auch dort Vorbild sein. Meine Pflanzen, ob Gemüse oder auch Blumen gediehen prächtig.

Im beginnenden Sommer sagte mir mein Nachbar, ein Opernregisseur das er ein neues Auto bekommen würde. Wir hatten auf sein altes Auto, Marke Trabant, ein Vorkaufsrecht. Das war in der DDR so, denn auf ein neues Auto wartete der Normalbürger 15 Jahre. Wieder überlegten wir uns ob und wie wir das mit einer Finanzierung hinbekommen würden. Wir kamen zu dem Entschluss, meinen Schwiegervater nach dem Geld zu fragen, denn wir wussten, dass er einiges gespart hatte. Nach einer schriftlichen Anfrage, sagte er zu. Ich hatte mir einige Zeit vorher ein zweisitziges Moped gekauft und auch den Führerschein dafür gemacht. Wir setzten uns also auf unser Moped und fuhren nach Rudolstadt in Thüringen um den Vater meiner Frau zu besuchen und das Geld ab zu holen. Wir benutzten zum größten Teil der Strecke die Autobahn, denn das war damals noch möglich. Er gab uns das Geld und sagte uns, als wir eine Rückzahlung vereinbarten wollte, das er es nicht zurück haben will. Darüber waren wir sehr glücklich. Auch die Fahrt zurück ging zum großen Teil über die Autobahn. Ab Niemegk fuhren wir Landstraße und bald bemerkte ich, dass meine Frau hinten auf der Sitzbank immer wieder einschlief, denn sie war total übermüdet. Aber wir kamen gesund und munter zu Hause an. Gleich in der nächsten Woche trafen wir uns mit dem Nachbar und unterzeichneten den Kaufvertrag für das Auto. Es war ein Trabant 601 Hycomat. Es war das einzige Auto der DDR mit Automatik. Auch kümmerte ich mich sofort um einen Führerschein. Das war in der DDR auch nicht ganz einfach, denn es gab wenige Fahrschulen. Die meisten jungen Leute die einen Führerschein machten, gingen zur GST, das war eine vormilitärische Organisation oder machten ihn direkt bei der Nationalen Volksarmee. Private Fahrschulen gab es sehr wenig. Ich meldete mich in Brandenburg bei einer privaten an, gab etwas Trinkgeld und brauchte bloß einen Monat warten. Dann hatte ich 2 Wochen theoretischen Unterricht, den ich bei der Prüfung sofort bestand und eine Woche später fing der praktische Unterricht an zu dem auch die

Fahrstunden zählten. Der Fahrlehrer bekam von mir als Trinkgeld eine Stange Zigaretten der Marke Karo. In dieser Stange waren, ich glaube, 250 Stück enthalten. So kam es, dass Montag meine Fahrstunden begannen und ich in derselben Woche am Freitag meinen Führerschein hatte. Am nächsten Tag, dem Samstag, setzten wir uns in unser Auto und fuhren nach Rudolstadt um dem Schwiegervater das Auto vor zu führen. Er freute sich für uns, dass alles so gut und kurzfristig geklappt hatte.

Zurück in Brandenburg holte uns das normale Leben wieder ein. Ich ging meiner Arbeit nach und auch im Garten hatte ich viel zu tun. Auch die Kinder brauchten unsere Aufmerksamkeit, das heißt wir mussten uns um alles kümmern. Dann kam der September. Jacqueline hatte am 15.09.1972 ihren 3. Geburtstag und am nächsten Tag kam Gerhard und berichtete mir, dass unsere Mutter wieder im Krankenhaus ist und dass es jetzt ernst wird. Die Aufregung kann sich jeder vorstellen, wenn es um das Leben seiner Mutter geht. Ich besuchte sie in den nächsten Tagen mehrmals und fand sie immer unter Betäubungsmittel vor.

Das letzte Mal, dass ich dort war, war der 24.09.1972 nachmittags um 17.00 Uhr. Ich hatte kein gutes Gefühl und weinte sehr viel. Sie war tapfer und versuchte mich zu beruhigen und sie sprach mir Mut zu.

Am nächsten Tag, es war der 25.09.1972, kam am Vormittag die Nachricht, dass meine Mutter verstorben war. Wir 3 Brüder trafen uns bei mir zu Hause und verabredeten unser weiteres Vorgehen. Unsere Aktivitäten sollten unabhängig von denen des Mannes unserer Mutter sein, denn er gab uns zeitnah zu verstehen, das er mit keinem von uns etwas zu tun haben wollte. Unabhängig von uns regelte er die Angelegenheiten im Krankenhaus und gab meinen Brüdern zu verstehen dass er sich auch allein um die Bestattung und dergleichen kümmern würde. Mich ließ er sowieso außen vor, da er ja mit mir überhaupt nicht sprach. Am nächsten Tag, abends trafen wir, die drei Geschwister, uns in der Wohnung unserer Mutter um uns auszusprechen und zu besprechen wie wir uns verhalten wollen. Der Mann unserer Mutter hatte seine alte Wohnung, die er nie aufgegeben hatte, gerade gegenüber in der gleichen Straße und hielt sich dort auf. Nach unserer Kenntnis hatte er sich auch nie umgemeldet. Trotzdem passte es ihm nicht, dass wir uns in unserer alten Wohnung aufhielten und so rief er die Polizei und wollte uns aus der Wohnung entfernen lassen. In dem Gespräch mit der Polizei klärte sich die Sache aber auf und er musste unverrichteter Dinge in seine Wohnung zurück kehren. So hatten wir Gelegenheit uns für das weitere Vorgehen abzustimmen. Es gab ja auch wenig Alternativen, denn mein Bruder Bernd, der gerade 18 Jahre alt war wohnte noch dort und war auch da gemeldet, er konnte nirgends woanders hin und musste in dieser Wohnung sein Leben neu organisieren. Wir, Gerhard und ich, versprachen ihm, dass wir ihm helfen würden und alles mit organisieren würden. Wir versuchten, trotz aller Trauer, Bernd sein Leben in geordnete Bahnen zu leiten. Es war nicht immer leicht, aber wir bekamen das in den Griff.

Wie das Verhältnis war, sah man daran, dass die Todesanzeigen in der Presse derart gegliedert waren, das der Mann meiner Mutter allein eine aufgegeben hat und wir, die Familie Kemnitz eine zusammen, das heißt meine Geschwister, meine Oma, die Schwester meiner Mutter mit ihrer Familie und ich in einer gemeinsamen. So war das auch bei allen anderen Angelegenheiten. Der Mann meiner Mutter holte still und heimlich seine Sachen aus der Wohnung ab und schon wohnte Bernd allein dort. Wir anderen halfen ihm so gut wir konnten. Die Trauerfeier und Urnenbeisetzung fand am 02.10.1972 statt. Auch dort war es so, dass der Mann allein stand und unsere Familie zusammen. Alles was an Geld, Schmuck und anderen persönlichen Sachen vorhanden war, hatte der Mann ausgeräumt.

Auch diese schwere Zeit überwanden wir nach und nach. Ich kümmerte mich um meine Familie, Gerhard auch und Bernd lernten in den nächsten Monaten jeweils ein Mädchen kennen. Es dauerte nicht lange, aber doch bis zum Juni, von da an sprach Bernd von Heirat. Die Frau kannten wir nicht und waren gespannt auf seine Wahl. Im Juli 1973 war es dann soweit und Bernd kündigte seine Hochzeit an. Alle gaben sich Mühe und kauften Geschenke, vor allem für den Haushalt. Die Hochzeit fand in unserer alten Wohnung statt, in der vor einem Jahr noch unsere Mutter wohnte.

Die Feier war sehr schön. Bernd hatte alles allein vorbereitet. Alle kamen und es war ein lustiger Abend. Wir, meine Frau und ich gingen aber so gegen 22 Uhr nach Hause, weil wir am anderen Tag wieder arbeiten mussten. Ein letzter Spaß, war, wir stellten einige übrig gebliebene Kuchen und Torten auf die äußere Fensterbank, nahmen diese dann mit und verteilten sie Stückweise in der Straßenbahn, mit der wir nach Hause fuhren. Das war lustig und es hat bis heute Niemand vergessen, denn es wird bei passender Gelegenheit immer wieder erzählt.

Mit der Zeit machten wir uns auch Gedanken um eine neue Wohnung, denn wir wohnten in einem Haus das sehr alt war. Da waren die Räume über 3m hoch, so dass man beim tapezieren viel Probleme bekam, wenn man es selbst machen wollte. Es war nicht einfach in der DDR vernünftige Wohnungen zu bekommen. Im Laufe unserer Suche kamen wir auch in die Stalinstraße, und dort sahen wir uns eine Wohnung an, die auch von einer großen Familie bewohnt war. Diese Familie hatte die Aussicht in eine andere Wohnung in einem Neubaugebiet zu ziehen. Als wir dort ankamen um uns die Wohnung anzusehen, öffnete uns die Hausfrau die Tür und zeigte uns bereitwillig die ganze Wohnung. Auf den ersten Blick war diese Wohnung ganz schön. Aber, als wir in das letzte

Kinderzimmer kamen, sah ich als Dekoration lauter Luftballons an den Wänden und der Lampe hängen. Das war aber nur auf dem ersten Blick so. Nach dem zweiten Blick erkannte ich die Luftballons anders. Es waren alles aufgeblasene Kondome. Ich bekam einen richtigen Schreck und wir verließen die Wohnung und sagten ab. Unsere Wohnungssuche ging weiter. Wir beschlossen uns nicht mehr auf solche Aktionen einzulassen und lieber abzuwarten um doch vielleicht eine Neubauwohnung zu bekommen. Das dauerte dann doch eine Weile. Im Frühjahr 1975 hatten wir dann Glück und es wurde uns eine 4 Zimmer Neubauwohnung zugewiesen. Wir sahen uns diese an und sagten zu. Das war in diesen Zeiten in der DDR ein großes Glück. Wir richteten uns dort ein. Am ersten Abend kam der Mieter unter mir zu uns rauf. Er teilte mir mit, dass er der Hausverwalter sei und ich müsse uns ins Hausbuch eintragen. Das Hausbuch brachte er gleich mit. Wir unterhielten uns noch eine Weile und im Laufe des Gesprächs fragte ich ihn, ob er mit mir etwas trinken möchte. Ich sagte, dass ich Bier und Wodka im Haus habe. Er sagte zu und meinte er müsse nur seiner Frau Bescheid sagen, damit sie weiß wo er ist. Nach ca. 10 Minuten war er wieder da. Wir unterhielten uns über Gott und die Welt, über das Haus und die Nachbarn. Es zog sich ziemlich lange hin und ich wurde langsam müde. Die Kinder waren schon lange im Bett und auch meine Frau war müde und ging ins Schlafzimmer. Ungefähr nach einer weiteren Stunde hatte er auch endlich genug und war ziemlich aufgekratzt. Er holte mit einem mal sein Schlüsselbund aus seiner Hosentasche, knallte es mir auf den Tisch und fragte mich ob ich eigentlich wisse wo er arbeitet. Ich sah ihn fragend an und sagte: „nein". Dann wies er auf sein Schlüsselbund und sagte da bin ich angestellt. Als ich mir das genau ansah, bemerkte ich dass an seinem Schlüsselbund unter anderem auch ein Petschaft angebracht war. Das Petschaft sah ich mir näher an und dann sah ich dass er bei der Staatssicherheit beschäftigt war.

Später erfuhr ich, dass er Oberleutnant der Staatssicherheit war. Von da an hielt ich mich zurück, und versuchte ihm aus dem Weg zu gehen. Das war nicht immer leicht, denn Jacqueline ging mit dessen Tochter in der Schule in ein und dieselbe Klasse. Die Begegnung sollte aber auch noch etwas anderes zu Tage bringen. Einige Tage später sah ich seine Frau. Es fiel mir wie Schuppen von den Augen und ich musste mich zusammen reißen, denn das war die Frau mit den Kondomen, die uns damals die Wohnung gezeigt hatte. Die Wohnung war für damalige Verhältnisse schön, aber in der 4. Etage und es gab keinen Fahrstuhl. Nach einigen Jahren war es für mich wieder einmal soweit die Arbeitsstelle zu wechseln, denn es wurde mir im Stahl und Walzwerk zu politisch. Man wollte mich zwingen einem sozialistischen Kollektiv beizutreten. Ich hatte damit nichts zu tun und kündigte. Gleich am nächsten Tag bewarb ich mich in einem Handelsbetrieb. Es war ein

Möbelhandel, der Brandenburger Möbel Großhandel. Man nahm mich und ich wurde sofort als Lagerleiter in einem Möbellager eingestellt. Ich musste Ware annehmen wenn Möbel angeliefert wurden, die Möbel ordentlich einlagern und Möbel an Kunden und unseren Fahrern übergeben, wenn sie verkauft waren. Außerdem musste ich die Buchhaltung zu den Lagerbeständen führen. Das machte mir Spaß. Die Arbeit sorgte für Abwechslung und die Arbeitszeit ging schnell vorbei weil immer etwas los war. Es dauerte 2 Wochen in denen ich angelernt wurde. Danach war ich allein in dem Lager und ich kam zurecht. Ein halbes Jahr später wurde bekannt, dass der Betrieb ein neues Lager einrichten wollte und man fragte mich, ob ich das übernehmen wolle. Es sollte sehr groß sein und ich würde noch 2 oder 3 Mitarbeiter dazu bekommen. Ich sagte zu und wurde auch sofort dort hin versetzt. Dabei stellte sich heraus, dass es ehemalige Schweineställe waren, die erst noch gesäubert und entkernt werden mussten. Das sollten wir machen. Wir arbeiteten viel, manchmal 12 bis 14 Stunden an den Baracken, denn die ersten Warenlieferungen waren schon eingeplant. So nach 4 Wochen waren die ersten Lagermöglichkeiten geschaffen und der erste Lastzug mit Küchenmöbel rollte an. Er wurde entladen, kontrolliert und eingelagert. Es lief alles nach Vorschrift. Nach und nach kam das ganze Sortiment, das für dieses Lager vorgesehen war. Auch die Auslieferung war angelaufen. Mir kam es trotz gründlicher Reinigung immer wieder komisch vor, dass wir in ehemaligen Schweineställen Küchenmöbel, Schlafzimmer, Wohnzimmer und sogar Polstermöbel einlagerten. Das aber war nicht mein Problem und die Kunden waren auch zufrieden und bekamen es nicht immer mit. Ich hatte wieder eine neue Herausforderung, denn das Sortiment war sehr groß, da wir ja der einzige Großhandel Möbel in ganz Brandenburg waren. Brandenburg hatte zu dieser Zeit ca. 100000 Einwohner. Neben der Arbeit ging auch das ganz normale Leben weiter. Ich hatte in meiner freien Zeit viel im Garten zu tun, ging manchmal an den Wochenenden ins Stadion um Fußball zu gucken und versuchte auch meine Tochter dafür zu begeistern. Sie wollte nicht so recht und sagt mir heute noch dass es ihr nicht gefallen hatte und sie manchmal einen Horror davor hatte. Ich ließ das dann sein und ging allein oder mit meinem Bruder Gerhard dort hin. Auch in den Garten fuhr ich immer öfter allein um zu arbeiten, die Familie gesellte sich dann immer nur am Wochenende zur Erholung dazu. So kam es, das ein Freund, der manchmal mit mir dort war eines Tages ein paar Mädels mitbrachte und wir tranken dann an diesen Abend ziemlich viel Bier und auch etwas Schnaps dazu. Das war für mich zu viel und ich beschäftigte mich auch mit einem dieser Mädels. Wie es kommen musste, kam das auch raus und meine Frau erfuhr davon. Ich hatte zu Hause sehr großen Stress. Das ging 2 Wochen und ich wusste nicht mehr, was ich tun sollte. Um Allem aus dem Weg zu gehen setzte ich mich hin, und schrieb meinen ersten Ausreise Antrag. Den schickte ich postalisch zum Innenministerium und wartete ab was da kommen würde. Schon nach 3 Tagen wurde ich dorthin vorgeladen und man fragte mich warum ich das getan habe. Ich verschwieg das Problem mit meiner Frau und erzählte, das ich erst in die Bundesrepublik Deutschland und von dort aus nach Frankreich wolle um da meinen Vater zu suchen. Der Antrag wurde kurzerhand abgelehnt und man teilte mir mit, dass ich so weiter leben solle wie bisher. Auch sagte man mir, ich hätte keine andere Möglichkeit. Ich beugte mich, was sollte ich sonst tun. Inzwischen hatte mein Bruder Bernd eine Tochter bekommen aber die Ehe hielt nicht. Er hatte gemerkt und bei Diskusionen mitbekommen, das seine Frau freiwillige Mitarbeiterin bei der Staatssicherheit war und lies sich scheiden. Er lernte aber kurz darauf eine andere Frau kennen, mit der er heute noch zusammen ist. Auch mein anderer Bruder Gerhard hatte inzwischen geheiratet, hatte zwei Töchter, musste zur Volksarmee und wurde dann auch geschieden, weil seine Frau in der Zeit des Militärdienstes nicht allein bleiben konnte. Vom Scheidungsrichter bekam er seine Töchter zugesprochen und lebte von diesem Zeitpunkt allein mit den Mädchen. Eines Tages bekam ich einen Brief und ich traute meinen Augen nicht. Er war von meinem Sohn Karsten. Sinngemäß schrieb er, dass er in den Papieren seiner Mutter Unterlagen gefunden hat, die belegten, dass ich sein Vater sei und er mich kennen lernen wolle. Ich benötigte ein paar Tage um das zu begreifen und realisierte erst zu diesem Zeitpunkt das der Sohn meiner damaligen Verlobten schon so groß war und es war für mich eine große Freude, dass er sich gemeldet hatte. Ich dachte auch sofort wieder an meine Situation, dass ich meinen Vater schon so lange suchte. Da begriff ich: Es wiederholt sich alles im Leben, nur die Umstände und die Voraussetzungen sind jeweils anders. Ich schrieb zurück und wartete auf eine weitere Reaktion. Sie ließ nicht lange auf sich warten. Ein paar Wochen später verabredeten wir uns in Premnitz und ich machte mich an dem verabredeten Tag auf den Weg. Ich hatte gemischte Gefühle und große Emotionen ermächtigten sich meiner und ich hatte auch Angst vor dieser Begegnung, aber ich war auch in einer sehr großen Vorfreude. Als ich dort ankam und ich meinen Sohn sah, hatte ich ein sehr flaues Gefühl in der Magengegend. Wir begrüßten uns und dann überkamen mich die Gefühle vor denen ich mich insgeheim aber unwissend gefürchtet hatte. Ich musste mich abwenden, denn mir schossen die Tränen aus den Augen und er sollte das nicht sehen. Ich war es nicht gewohnt, dass man mir ansah wie ich fühlte und ich war auch selbst überrascht, wie meine Reaktion war. Trotz aller Anspannung, und mit Emotionen geladener Momente war es ein Tag der mich glücklich gemacht hat. Seit diesem Tag sahen wir uns hin und wieder in Brandenburg und ich gewöhnte mich daran und genoss es.

Meine Arbeit in dem Möbellager gestaltete sich gut. Ich dachte, ich würde das ewig machen. Aber es sollte wiedermal alles anders kommen. Eines Abends, wir hatten Lust essen zu gehen und etwas zu trinken, machten wir uns auf den Weg und landeten in einer Garten Kolonie, in der dazugehörigen Gaststätte. Wir bestellten uns etwas zu trinken und dachten, dass es mit dem Essen noch Zeit hätte. Nach ungefähr einer Stunde wollte ich Essen bestellen, rief die Kellnerin und fragte was es zu essen gibt. Sie sah mich an und sagte lächelnd es gibt heute nichts mehr und als Begründung teilte sie mir mit, das der Koch krank sei und für die Küche niemand da wäre. Etwas übermütig sagte ich: „Es kann doch kein Problem sein, das kann ich auch". Sie rief den Chef der Gaststätte und es dauerte nicht lange und die Beiden nagelten mich fest. Sie sagten ich solle beweisen, dass ich das kann. Nach einigem Zögern willigte ich ein und stand schon ab dem kommenden Montag dort in der Küche - immer nach meiner regulären Arbeitszeit im Möbellager. Ich traute mir das wirklich zu, denn zu Hause kochte ich ja wirklich fast immer und es schmeckte. Dort in der Garten Gaststätte gab es Bratwurst oder Bockwurst mit Kartoffelsalat, Bouletten oder Schnitzel mit Bratkartoffeln oder manchmal auch Sülze dazu. Als Beilagen macht ich Rot - und Weißkraut Salat. Das alles packte ich und es machte mir auch Spaß. Die Gäste dort gewöhnten sich an mich, es schmeckte ihnen und so wurden es immer mehr. An manchen Tagen verkaufte ich bis zu 120 Essen. Es war nichts Anspruchsvolles aber zur Herstellung des Essens kam natürlich vorher das Einkaufen und danach der Abwasch. So brachte mich das Ganze an meine Grenzen und ich begann zu überlegen, ob ich das zu meinen Beruf machen sollte. Nach und nach brannte sich dieser Gedanke in mein Gehirn und ich begann nach Möglichkeiten zu suchen um das zu realisieren.

So schaute ich mich in verschiedenen gastronomischen Betrieben um und telefonierte mit den Betreibern. Ich erfuhr, dass es verschiedene Arten von Gaststätten gab die folgendermaßen eingeteilt waren: Einige wenige waren privater Natur, wie es ja in der DDR üblich war. Einige waren durch Vereine gegründet und wurden auch von diesen betrieben, wie die Gartengaststätte, in der ich kochte. Dann gab es noch zwei Arten von Gaststätten, die den sozialistischen Handelsbetrieben unterstellt und denen auch zugehörig waren. Das waren die HO Gaststätten und die Konsum Gaststätten. Ich suchte mir Telefon Nummern von allen möglichen Gaststätten und deren Betreibern und telefonierte einen nach dem anderen ab. Ich bekam eine Absage nach der anderen, weil ich nicht einen dem entsprechenden Beruf gelernt hatte. Ich war nicht Koch und auch war ich kein Kellner. Mein Mut verließ mich zunehmend, aber ich gab nicht auf und so rief ich eines Tages bei der Konsumgenossenschaft an und wurde zu meiner Überraschung zu einem Gespräch eingeladen. Ich nahm bei meinem derzeitigen

Arbeitgeber einen Tag Urlaub und fuhr in das Büro der Konsumgenossenschaft. Dort hatte ich das Gespräch mit dem Leiter der Abteilung Gaststätten. Zu meiner Überraschung bot mir der Chef eine Einstellung an. Diese Arbeit war aber mit dem Hinweis verbunden, das ich eine Qualifizierung als Koch und Kellner in der Abendschule machen müsste. Ich sagte zu und ich wurde sofort als Gaststättenleiter in einem Hotel in Lehnin eingestellt. Das war für mich völliges Neuland und ich bekam richtige Angst vor dieser Aufgabe. Aber ich wollte das machen und nutzte die mir verbleibende Zeit meiner Kündigung beim alten Betrieb und auch in der Gartengaststätte, um mich in möglichst vielen Fassetten dieses Berufes schlau zu machen.

Dann kam der Tag der Wahrheit und mir wurde das Hotel gezeigt. Mit einer Inventur bekam ich es übergeben.

Hotel war etwas zu hoch gegriffen, denn es gab zwar 10 Zimmer, aber die waren nicht belegt und in dem derzeitigen Zustand auch nicht dazu geeignet. Anders die dazugehörende Gaststätte. Die sagte mir auch nach den ersten Eindrücken zu. Zu diesem Zeitpunkt wusste ich nicht worauf es beim Betreiben einer Gaststätte ankam. Schon bei der Inventur bekam ich die ersten Eindrücke. Man zeigte mir die Ware, die vorhanden war, und ermittelte deren Wert. So wurde ich zum ersten Mal mit Zahlen und den dazugehörenden Waren konfrontiert. Erst im Nachgang wurde mir bei verschiedenen Waren klar, was man mir bei der Inventur unter geschoben hatte. Viele Produkte, die ich übernommen hatte, waren überaltert und nicht mehr zu gebrauchen. Selbst ich, der von der ganzen Materie nicht so viel Ahnung hatte, begriff, dass man viele der Produkte nicht mehr verkaufen konnte, denn sie erzeugten mit großer Wahrscheinlichkeit bei den Gästen und Kunden Unbehagen, Übelkeit usw. Ich machte es mir zur Aufgabe alles noch einmal durch zu sehen und die Sachen auszusortieren die meiner Meinung nach nicht mehr zu genießen waren. Das Ergebnis teilte ich dem Vorgesetzten bei der Konsumgenossenschaft mit. Man teilte mir mit, dass ich richtig gehandelt hatte und so wurde auch das Ergebnis der Inventur verändert. Hier möchte ich nur ein Beispiel anführen. Mir wurde Ungefähr 5 Kg Mayonnaise übergeben. Als ich diese bei meiner Nachkontrolle ansah, bemerkte ich, dass die Mayonnaise, die in einem Pappeimer gelagert war, Schimmelspuren aufwies und in dem Eimer auch Kot von Mäusen war.

Die Frau, die vor mir das Hotel betrieben hatte, arbeitete bei mir für kurze Zeit als Kellnerin. Als ich sie auf die Mängel hin wies, tat sie so, als wüsste sie von alldem nichts.

Wir, das heißt meine Frau und ich, putzten vor der Eröffnung erst einmal die Gaststätte gründlich. Das dauerte 3 Tage. Auch die Kellnerin musste dabei mit anpacken obwohl sie der Meinung war, alles sei sauber. Ich ließ aber keinen Zweifel daran dass es richtig gemacht werden müsse.

Ich kaufte Ware, wie Bier, alkoholfreie sowie alkoholische Getränke und auch Waren zur Speisenzubereitung ein. Dann konnten wir uns auf die Eröffnung vorbereiten. So musste auch das Umfeld außerhalb der Gaststätte aufgeräumt werden und der Unrat, der dabei anfiel entsorgt werden. Dazu gewann ich einen Ortsansässigen Fuhrunternehmer. Der fuhr mir auch zuverlässig den ganzen Müll weg.

Am nächsten Tag war der Tag der Eröffnung. Ich war sehr gespannt und auch aufgeregt wie das von statten gehen würde.

Ich ging morgens um 8 Uhr in die Küche und begann mit den Vorbereitungen in der Küche. Es war alles ganz neu, denn ich wusste nicht was auf mich zu kam, wie die Menschen auf mich reagierten und wie viel ich vorbereiten musste. Ich sollte erst Tage und Wochen später begreifen was das alles bedeutete. Aber ich begriff, jetzt fing für mich ein neues Leben an. Ich hatte noch keine Ahnung wie viel Arbeit und Stress auf mich zu kommen wird, aber mein Gefühl sagte mir mein Leben beginnt neu.

Ich eröffnete um 16.00 Uhr die Gaststätte und zu meiner Überraschung füllten sich die Räume langsam aber stetig. Um 19.00 Uhr waren alle Plätze besetzt und ich hatte so viel zu tun, das ich überhaupt nicht merkte wie die Zeit verging. Irgendwann am Abend kamen zwei Männer in Arbeitssachen in die Gaststätte und stellten sich an das Buffet. Sie verlangten Bier. Mir war es nicht recht wie sie angezogen waren, denn die Arbeitssachen waren auch schmutzig. Ich sagte Ihnen, dass es mir nicht recht war, denn ich hatte mir vorgenommen die Gaststätte ordentlich zu führen. Der ältere der Beiden sagte zu mir in einem ziemlich rauen Ton: „Deinen Dreck weg bringen konnten wir, aber jetzt willst du uns nicht an deinem Tresen haben". Daraufhin sah ich mir die beiden genauer an und bemerkte, dass es die beiden Leute waren die nachmittags den ganzen Müll, der auf dem Hof lag beseitigt hatten. Ich bemerkte, dass ich mich nicht richtig verhalten hatte, entschuldigte mich und spendierte den Beiden das Bier. Solche und andere Missverständnisse gab es öfter und ich musste mich erst daran gewöhnen und mich auch verändern.

Nach und nach bekam ich das auch hin. Auch wurde ich mit der Zeit akzeptiert. Das ging aber nicht von allein. Eines Abends, es war wiedermal voll und zu späterer Stunde gab es Streit zwischen ein paar Betrunkenen. Ich wusste nicht richtig was ich machen sollte und rief den zuständigen Abschnitts Bevollmächtigten der Volkspolizei an. Nach mehrmaligen klingeln seines Telefons fragte eine schlaftrunkene Stimme was los sei. Ich stellte mich erst einmal vor und erzählte von den Ereignissen im Lokal und bat um Hilfe. Am anderen Ende des Telefons sagte der Polizist nur zu mir: „Bin ich der Gastwirt oder du". Dann legte er das Telefon auf. Ich begriff, dass ich mir selbst helfen muss. Ich tat das auch und beendete den Streit. Von Stunde an hatten die Gäste

Respekt und ich merkte, dass, das von dem Polizisten auch genau so vor gesehen war. Erst war ich von der Art und Weise ziemlich überrascht und nicht einverstanden, aber später, nachdem wir uns besser kennen gelernt hatten, wurden wir gute Freunde. Das waren alles Sachen, die ich auch erst einmal lernen musste.

Langsam aber sicher arbeitete ich mich ein und merkte dass mir diese Arbeit lag. Ich machte gute Umsätze, kochen konnte ich auch und ich gewöhnte mich auch sehr schnell an die Arbeitszeit. Ein Problem hatte ich. Die Gaststätte war ungefähr 25 Km von meiner Wohnung in Brandenburg entfernt. Dadurch musste ich jeden Tag mit dem Auto, morgens hin und nachts zurückfahren. Ich hatte 2 Ruhetage in der Woche an dehnen die Gaststätte geschlossen war. An diesen Tagen musste Ware bestellt, vorgekocht und auch sauber gemacht werden. Also gab es auch an den sogenannten Ruhetagen kein ausruhen. Durch diesen Ablauf vergingen die Tage und Wochen so schnell das man überhaupt nicht mitbekam wie schnell die Zeit verging. Auch merkte ich nicht, dass sich das Verhalten meiner Frau veränderte. Sie war bei mir als Stellvertretender Gaststättenleiter angestellt. Sie arbeitete genau wie ich viele Stunden am Tag und war abends auch fix und fertig. So kam es, aber in der ersten Zeit bemerkte ich es nicht. Oft, wenn wir abends zu Hause waren, tranken wir noch etwas und es dauerte nicht lange und meine Frau war ziemlich betrunken. Die erste Zeit dachte ich das kommt von der vielen Arbeit und der körperlichen Belastung. Aber dann bemerkte ich, dass sie schon während der Arbeitszeit Wein und andere alkoholische Getränke zu sich nahm. Sie machte das heimlich, so dass ich es nicht bemerken sollte. Doch dann achtete ich darauf und sprach mit ihr darüber. Sie stritt alles ab und stritt mit mir darüber. Dann hörte ich aber, wenn ich in den Keller ging um Kohlen auf die Heizung zu werfen, das oben, der Heizungskeller war direkt unter dem Tresen, Flaschen klapperten. Es hat nicht lange gedauert, bis ich sie direkt beim trinken erwischt hatte. Sie stritt wieder mit mir. Eines Tages, es war ein Sonntag, wir hatten frei und es waren Wahlen in der DDR, wir hatten gerade Mittag gegessen, klingelte es an unserer Wohnungstür. Ich ging zur Tür um sie zu öffnen und erblickte 2 Männer. Sie teilten mir noch einmal mit das Wahlen seien und wir dort noch nicht erschienen sind. Gleichzeitig machten sie Anstalten unaufgefordert unsere Wohnung zu betreten. Ich hielt sie zurück und verwehrte ihnen den Zutritt zur Wohnung. Auch teilte ich ihnen mit das ich nicht die Absicht habe an der Wahl teil zu nehmen. Wieder wollten sie in unsere Wohnung eindringen. In dem Moment schlug ich ihnen die Tür vor der Nase zu. Draußen hörte ich sie nur noch schimpfen, das wir schon sehen werden was wir davon haben werden. Das bekamen wir dann auch Zeitnah zu spüren. Zwei Wochen später, an einem unserer Ruhetage klingelt es wieder an unserer Tür und als ich öffnete standen 3 Männer davor und man hörte, dass im Treppenflur noch einige waren. Sie stellten sich als Mitarbeiter des Staatssicherheitsdienstes vor und fragten nach meiner Tochter. Gemeint war die Tochter, die ich mit geheiratet hatte, und die inzwischen auch schon über 18 Jahre alt war. Sie hatte, wie wir bei dieser Gelegenheit erfuhren, einen Freund aus Westberlin, der sie eingeladen hatte mit ihm ein paar Tage in Prag Urlaub zu machen. Ich sagte, dass das Mädel noch schlafe. Die Männer fackelten nicht lange, schoben mich zur Seite und stürmten unsere Wohnung. Sie stießen die Tür auf, von dem Zimmer, indem meine Tochter schlief und forderten sie auf, sofort auf zu stehen und zur Klärung eines Sachverhalts mit zu kommen. Auch meine Frau und ich wurden mitgenommen. Wir wurden zur Dienststelle der Staatssicherheit in Brandenburg gebracht. Meine kleine Tochter, die erst 9 Jahre alt war, musste allein zu Hause bleiben. Wir wurden alle in verschiedenen Vernehmungsräumen eingeschlossen, so dass keiner vom Anderen wusste wo er war und wie lange er dort festgehalten wurde. Meiner Tochter wurde unterstellt, das sie illegal die DDR verlassen wolle und uns, das wir das wussten. Das entsprach aber in keiner Weise der Wahrheit. Ich wurde erst nachts um 23.00 Uhr dort entlassen. Als ich nach Hause kam war meine Frau schon da. Sie wurde am Nachmittag entlassen. Die ältere Tochter wurde nach Potsdam gefahren und dort die ganze Nacht verhört. Im Ergebnis der ganzen Aktion kam heraus, sie durfte nicht nach Prag fahren und ihr Freund konnte die Fahrkarten wegwerfen und auch die Hotelkosten hatte er schon bezahlt. Unsere Ruhetage waren vorbei und wir mussten am nächsten Tag wieder die Gaststätte aufmachen und arbeiten. Ich sah bei dieser Angelegenheit wieder einmal wie dieser Staat tickt. Für mich war klar, dass ich nicht ewig unter der Knute der SED Regierung leben werde. Aber ich musste mich um meine Arbeit kümmern, denn ich wollte die damit für mich anstehende Herausforderung meistern. Das hieß für mich ich wollte die Vorgaben zum Umsatz erfüllen und auch richtig kochen lernen. Das mir das gelingen könnte, merkte ich eigentlich sehr schnell, denn mir fiel auf, wenn ich etwas gegessen hatte konnte ich meinem Geschmack vertrauen, die Zutaten herausschmecken und ich wusste die Art der Zubereitung. Ich lernte ziemlich schnell wie Bier gezapft wurde und konnte bald verschiedene Weine und Sekt unterscheiden. Auch bekam ich zügig mit wie man ohne Verluste Schnäpse einschenkte. Mit Kaffee und Kuchen ging es mir auch sehr schnell von der Hand. In dem System der DDR Wirtschaft war alles anders als ich es mir vorher vorgestellt hatte, denn die jeweilige Ware wurde preismäßig genau zu den Verkaufspreisen geliefert. Inzwischen hatte ich auch einige Freunde in der ortsansässigen Gastronomie. Die halfen mir und wenn ich einmal etwas nicht wusste, gaben sie mir Ratschläge.

So vergingen die Tage, Wochen und Monate wie im Flug und meine Arbeit machte mir immer mehr Spaß. Nur das Problem mit meiner Frau spitzte sich weiter zu. Ich konnte nicht verhindern, dass sie immer wieder zu den alkoholischen Getränken griff. Ich versuchte mit ihr zu reden, ich stritt mit ihr, aber es nützte alles nichts. Um die Familie zu retten, beschloss ich, mit zu trinken. Nach einiger Zeit, in der ich auch jeden Abend nach Geschäftsschluss Alkohol getrunken hatte, dachte ich darüber nach und dachte bei mir, wenn das so weiter gehen würde, könnte ich vom Alkohol abhängig werden. Nachdem ich mir bewusst wurde, welche Konsequenzen das haben könnte, beschloss ich, damit sofort auf zu hören. Ich musste mir selbst beweisen, dass es noch nicht zu spät war und trank in den nächsten Wochen keinen Tropfen Alkohol mehr. Dabei merkte ich aber, dass ich kein Problem mit dem Alkohol hatte und auch nicht haben würde, denn ich konnte ohne Probleme damit aufhören. Ich änderte mein Leben wieder und lebte vernünftig weiter. Die Angelegenheit mit meiner Frau ging aber weiter, es wurde immer schlimmer und man konnte auch bald kein vernünftiges Wort mehr mit ihr sprechen. Nach weiteren quälenden Wochen blieb mir nichts anderes übrig und ich musste die Scheidung einreichen. In der Scheidungsphase machte ich meine Arbeit weiter, meine Frau kündigte ihre Arbeitsstelle bei uns und ich blieb immer öfter auch über Nacht in der Gaststätte, denn ich hatte ja ein Hotel mit vielen leeren Zimmern. Nach Hause, nach Brandenburg,

in unsere Wohnung fuhr ich in der Regel nur noch an den Ruhetagen oder um zu kontrollieren ob es meiner Tochter gut geht. Bei einer diesen Kontrollen gab es wieder Streit, weil meine Frau wieder total betrunken war. An dem Tag kam ich gerade noch zur rechten Zeit nach Hause und ertappte sie, als sie aus unserer Wohnung in der 5. Etage aus dem Fenster springen wollte. Ich hielt sie davon ab und rief die Polizei. Die Polizei nahm sie mit und sie wurde in ein Krankenhaus in die Psychiatrie eingewiesen. Nach drei Tagen, ich hatte Ruhetag, besuchte ich sie dort. Sie kam mir ganz ruhig und klar vor. Sie beteuerte, dass sie nicht mehr trinken wolle und sofort damit aufhören werde. Das ganze Versprechen hielt aber nicht lange an, denn 2 Tage später rief mich meine Tochter an und sagte mir, dass ihre Mutter schon wieder sehr betrunken war. Damit war für mich die Angelegenheit erledigt und ich führte die Scheidung weiter.

Es dauerte ungefähr 3 Monate bis zum Termin der Scheidung. Die fand im Kreisgericht Brandenburg statt. Im Ergebnis der Scheidung wurde bestimmt, dass meine Frau die Wohnung behält, ich in dem Hotel wohnen sollte und ich bekam meine Tochter zu gesprochen. Im Zuge der Umsetzung dieser Auflagen richtete ich es so ein, das meine Tochter zu mir ziehen konnte. Nach kurzer Zeit wohnte ich mit meiner Tochter in dem Hotel zusammen. Wir mussten sehen wie wir miteinander auskommen konnten. Aber es ging eigentlich sehr schnell und jeder hatte seine Aufgaben. Meine Tochter wurde umgeschult, aber das gab keine Probleme. Sie gewöhnte sich sehr schnell an die neuen Mitschüler und die neue Schule. Ich machte meine Arbeit. Es lief immer besser und mein Umsatz stabilisierte sich und mit der Zeit war ich auch im Gesamtbetrieb gut integriert. Auch mein Privatleben änderte sich. Ich hatte in der Zeit nach der Scheidung immer wieder kleinere Affären. In meiner Position als Chef in dem Hotel und in der Gaststätte gab es sehr viele Frauen, die dachten es sei einfach mit mir und meiner Arbeit. Ich suchte immer wieder auch Mitarbeiterinnen ob für die Küche oder auch für den Service. Viele boten sich an, aber die wenigsten waren dafür geeignet. Obwohl sie sich das vorstellen konnten. In diesem Beruf sollte man ehrlich, zielstrebig und fleißig sein. Außerdem sollte man ein Gespür für das Geschäft haben. So gingen die Wochen und Monate dahin und es kam auch meine erste Inventur. Ich hatte mich lange damit beschäftigt und mich mit anderen Kollegen, die schon länger mit der Materie vertraut waren, ausgetauscht.

So ergab sich, dass, meine erste Inventur ein Erfolg war und das Ergebnis war plus / minus Null. Das hieß, ich hatte alles richtig gemacht. Immer wieder überlegte ich, wie ich den Umsatz weiter steigern könnte und kam zu einem Entschluss. Es gab weit und breit keine Diskothek. Ich überlegte mir, so eine zu veranstalten und zwar eine Mitternachts Diskothek die erst um 22.00 Uhr begann und bis morgens um 05.00 Uhr ging. Ich besorgte mir einen der die Musik machte, eine Frau die den Baar Betrieb übernahm und legte nach einigen Wochen damit los. Die Veranstaltung fand immer sonnabends statt. Ab dem 3. oder 4. Mal konnte ich mich vor Gästen nicht mehr retten. Es war immer ausverkauft und es standen noch viele Leute draußen vor der Tür. Der Musiker und auch die Frau an der Baar machten einen guten Job und wir hatten Umsatz ohne Ende. Auch verdienten wir gutes Geld. Es wurden immer mehr Leute die bei uns feiern wollten. Wir wurden bald überfordert, denn die, die wir nicht mehr rein lassen konnten, stiegen durch ein Fenster und versuchten so noch einen Platz zu bekommen. Auch wurde der Lärm, der bei der ganzen Situation entstand, immer mehr. Es kamen aus der Bevölkerung Beschwerden wegen der Lautstärke. Ich versuchte das ab zu stellen, aber das gelang mir nicht immer. Nach ungefähr neun Monaten musste ich eines Montags zum Bürgermeister kommen. Der erklärte mir die Situation, informierte meinen Arbeitgeber, die Konsum Genossenschaft und sagte wörtlich zu mir, ich müsse mit den Diskotheken auf hören denn das entspreche nicht der sozialistischen Moral und Ethik. Mein Arbeitgeber gab dem nach und ich musste damit aufhören.

Gleichzeitig machte man mir ein Angebot. Im Nachbarort gab es eine Gaststätte, die von vielen Erntehelfern besucht wurde und der Gastwirt dort kam mit der Situation nicht klar denn es war sehr viel Arbeit. Man bot mir an, diese Gaststätte zu übernehmen, aber ich sollte gleichzeitig in der Betriebsakademie den Beruf eines Kochs und Kellners erlernen. Ich wollte das auch und sagte zu. In der gleichen Zeit lernte ich eine Kellnerin kennen, es dauerte nicht lange bis wir zusammen kamen. Die Beziehung war ungewöhnlich für mich, denn sie war ungefähr 12 Jahre jünger als ich. Das Ganze nahm eine rasante Entwickelung und nach zwei Monaten war sie schwanger. Erst war ich überrascht, aber dann freute ich mich doch. Wieder zwei Monate später gab es Probleme mit ihrer Schwangerschaft und sie wurde in ein Krankenhaus in Brandenburg eingewiesen. Ich besuchte sie immer, wenn ich auf der Betriebsakademie war. Dann musste ich sowieso nach Brandenburg fahren. Dabei erfuhr ich auch, dass es Zwillinge werden sollten. Es war für mich eine sehr anstrengende Zeit. Eines Tages als ich wieder im Krankenhaus war, wurde mir erklärt, dass sie die Kinder verlieren würde. So war es dann auch. Drei Tage später war sie wieder zu Hause. Bei den Gesprächen, die wir dann führten, bemerkte ich, dass es bei ihr nur um das Kinderkriegen ging. Sie hatte es darauf angelegt. Da das nun nicht geklappt hatte, kam es so weit, dass wir uns trennten. Sie arbeitete noch bei mir, aber das war dienstlich und nicht mehr privat. Ich machte meine Arbeit so gut es ging und kümmerte mich vor allem um die Schule in der Betriebsakademie, denn ich wollte dort einen guten Abschluss erreichen. Inzwischen ging mein Auto kaputt und ich musste alle Wege nach Brandenburg usw. immer mit dem Bus absolvieren. Inzwischen nahm bei mir der Umsatz rasant zu. So konnte ich an nicht viel Anderes denken. Ich musste mich auf meine Arbeit konzentrieren, die Koch und Kellner Schule machen und mich um meine Tochter kümmern, die inzwischen umgeschult war und darauf achten, das alles miteinander in Eintracht gebracht werden konnte. So ging wieder ein Jahr zu Ende und es begann das Jahr 1983. Im März kamen wir in der Betriebsakademie in die Halbzeit des Lehrganges. Aus Anlass dieses Ereignisses ging die gesamte Klasse in eine Gaststätte, die „Kaskade" in Brandenburg um die Halbzeit zu feiern. Wir tranken so einige alkoholische Getränke und es war sehr lustig. Auch waren wir froh alles bis zu diesem Zeitpunkt geschafft zu haben. Die Zeit verging wie im Fluge und mein letzter Bus war schon weg. Ich hatte im Eifer der Feier nicht daran gedacht, dass später kein Bus mehr fährt. Aber wenn man am feiern ist, sind die Gedanken ans nach Hause kommen weit entfernt. Wir sprachen aber dann über meine Situation und dann sagte eine Kollegin zu mir: „Komm doch einfach zu mir". Ich überlegte nicht lange und sagte zu, denn sie hatte auch schon eine andere Kollegin eingeladen mit zu ihr zu kommen und noch ein bisschen weiter zu feiern. Dort, wo die Beiden hin wollten fuhr noch ein Bus. Und so machten wir uns auf den Weg ohne noch lange nach zu denken. Am späteren Abend kamen wir bei ihr zu Hause an. Wir machten es uns noch ein bisschen gemütlich und tranken noch etwas. Die Kollegin, der das Haus gehörte in dem wir waren, hieß Brigitte und war geschieden. Kurz bevor wir mit der Feier aufhörten sagt sie zu mir, dass sie für mich ein Bad eingelassen habe. Auch dabei dachte ich mir nichts. Ich badete und kurz danach gingen wir alle schlafen. Ich natürlich allein. Am nächsten Morgen klingelte recht früh der Wecker, denn Brigitte musste zur Arbeit gehen. Sie arbeitete auf einer Autobahn Raststätte als Kellnerin. Ich sollte später, wenn ich ging, den Schlüssel in den Briefkasten werfen. Das tat ich auch und ich nahm mir vor sie wieder zu besuchen, denn es war für mich eine angenehme Begebenheit und das wollte irgendwie wiederholen.

Gleich an dem nächsten Wochenende verabredete ich mit einem Freund, das er mich mit seinem Auto dorthin nach Ziesar fährt. Die Kleinstadt war mir fremd und ich musste mich erst umsehen, wie ich zu dem Haus von Brigitte kommen würde. Auf dem Weg dorthin fiel mir eine Frau auf, die vor mir ging und erst nach einigen Schritten bemerkte ich, dass es Brigitte war. Ich näherte mich ihr und sprach sie an. Sie bekam einen Schreck, denn sie hatte mich nicht erwartet. Am Abend gingen wir in der Stadt spazieren und Brigitte zeigte und erklärte mir ihre Stadt. Jedes Mal, wenn wir jemand trafen wurde sie gegrüßt und grüßte auch zurück. Bei unserem abendlichen Gespräch erfuhr ich wie das zusammen hing. Sie hatte mit ihrem geschiedenen Mann über viele Jahre eine Eisdiele und stand dort den ganzen Tag hinter dem Tresen. Nach ihrer Scheidung natürlich nicht mehr. Sie arbeitete zu diesem Zeitpunkt als Bedienung auf der Autobahn Raststätte Ziesar. Es wurde ein wunderschönes Wochenende, wir verstanden uns gut und verabredeten das öfter und regelmäßig zu machen. So kam es, dass ich regelmäßig dort hin fuhr, immer am Wochenende und auch immer öfter nach Feierabend, wenn ich die Gaststätte geschlossen hatte. Unser Verhältnis war sehr schön und wurde immer enger. Eines Tages fragte ich sie, ob sie am Wochenende bei mir aushelfen könnte, denn es war sehr viel zu tun und ich brauchte dann keine Fremden beschäftigen. Sie sagte zu und wir arbeiteten das ganze Wochenende zusammen. Meine Gäste waren begeistert, denn Brigitte war sehr schnell und aufmerksam. Ich bemerkte, dass auch ihr die Arbeit bei mir Spaß machte. Nach einigen Wochen, vielleicht 3 Monaten, kamen wir in einem Gespräch, darauf, wie es wäre, wenn Brigitte direkt bei mir in der Gaststätte angestellt sein würde. Wir kamen überein, dass wir es versuchen wollten und ich mit der Betriebsleitung darüber spreche wollte. Der Chef, mit dem ich das Gespräch führte, war einverstanden und es ging alles sehr schnell. Brigitte wurde sofort als stellvertretende Gaststättenleiterin eingestellt.

Von diesem Zeitpunkt an machte die Arbeit noch mehr Spaß und die Zeit verging wie im Flug. Wir verstanden uns gut und irgendwann kamen wir in einem Gespräch zu dem Entschluss, das Brigitte zu mir und meiner Tochter zieht. Es war für sie nicht dasselbe wie in ihrem Haus aber wir waren zusammen. Wir wohnten in dem Hotel in Lehnin. Das war alles alt und verwohnt. Ich wundere mich jetzt noch, dass sie sich darauf eingelassen hatte. Aber die meiste Zeit waren wir auf der Arbeit und so konnten wir diese auch gut erledigen. Nach und nach kamen die ersten Erntehelfer, denn in Michelsdorf war die „LPG Obstbau" und dort waren meistens Apfelplantagen und andere Obstanbauflächen bei denen das Obst geerntet werden musste. Die einheimische Bevölkerung konnte das nicht bewältigen. So wurden bei uns Erntehelfer aus Polen, der Tschechoslowakei, Ungarn und deutsche Studenten eingesetzt. In Michelsdorf gab es ungefähr 600 Einwohner und fast immer 1000 Erntehelfer. In der Gaststätte waren immer zwischen 150 und 400 Gäste und das lag an den Erntehelfern. Es ergab sich, dass wir in jeder Woche ungefähr 2500 Liter Fassbier ausschenkten. Dazu kamen noch alkoholfreie Getränke, Spirituosen, Wein und Sekt. Da kann sich jeder vorstellen, dass wir kaum in der Lage waren hoch zu schauen. Außerdem wurde von der Politik bestimmt, das alle 2 Wochen, am Sonnabend eine Diskothek durchgeführt werden musste. Unser Saal, in dem es die Diskothek, gab war für 180 Menschen zugelassen. Es waren aber regelmäßig über 500 bei den Veranstaltungen. Zwischendurch verkauften wir auch noch Bier und alkoholfreie Getränke als Flaschenware außer Haus. Die Öffnungszeiten waren von Mittwoch bis Sonntag von 16.00 Uhr bis 22.00 Uhr. Montag und Dienstag waren Ruhetage. An diesen Tagen waren wir mit der Grundreinigung und dem

Einkauf beschäftigt. Wenn man mal zur Ruhe und zum Überlegen kam, merkte man, dass wieder einige Monate vergangen waren. Meine Ausbildung war zu Ende und ich schloss sie mit einem guten Ergebnis ab. Sofort danach begann ich das in der DDR vorgeschriebene Studium als Gaststättenleiter. So kam es das dann auch das Jahr 1985 seinen Lauf nahm und wir dachten, dass wir etwas ändern müssten. Wir sprachen lange miteinander und kamen überein zu heiraten. Der damalige Bürgermeister bemerkte, dass sich der Umsatz in der Gaststätte enorm erhöht hatte und alle zufrieden waren. Er bot mir an, ein Haus in Michelsdorf zu kaufen. Es war ein Haus, das ein ausgereister Bürger, der in die Bundesrepublik Deutschland übergesiedelt war, zurück gelassen hatte. Wir einigten uns mit dem Preis und kauften dieses Haus. Nach einigen Reparaturen und einer fälliger Renovierung zogen wir aus dem Hotel in Lehnin nach Michelsdorf. Das Haus lag einsam inmitten der Obstbauanlagen. Meine Tochter Jacqueline hatte nicht so viel Spaß und zog nur ungern mit, weil es ziemlich einsam war. Im Sommer war sie mit der Schule fertig und begann eine Lehre als Kellnerin in Brandenburg. Dort war sie auch zeitweise in einem betriebseigenem Internat. Sie hatte Spaß an ihrer Arbeit und erzielte gute Noten.

Zunehmend wurde es schwieriger die Ware für die Gaststätte ran zu schaffen. Immer mehr wurden die Lieferbedingungen, vor allem bei den Speisen und auch bei bestimmten Getränken, knapper. So kam es, dass wir Beziehungen und Kontakte, die wir hatten, nutzen mussten um die Wünsche der Gäste zu erfüllen. In den Ruhetagen kauften wir Spirituosen und Fleisch im Einzelhandel um sie nachher unseren Gästen anbieten zu können. Der reguläre Bestellprozess sah so aus, das wenn ich bei unserem Großhandel, bei dem ich verpflichtet war zu kaufen und der mich 14 tägig belieferte 96 Flaschen Kirschlikör bestellte, er mir aber nur 16 Flaschen lieferte. Diese waren am ersten Tag verkauft. Den Rest, den ich benötigte, musste ich mir dann anderweitig beschaffen. Das war ein Teil der Mangelwirtschaft in der DDR. Beim Fleisch sah es nicht anders aus. Für eine Hochzeit musste ich wochenlang Fleisch sammeln und einfrieren, um die Leute gut mit Essen zu versorgen.

Es kam das Jahr 1985. Brigitte und ich beschlossen zu heiraten, denn abgesehen von den immer schwieriger werden Arbeitsbedingungen verstanden uns sehr gut und liebten uns.

Der Termin für unsere Hochzeit wurde auf den 07.11.1985 festgelegt. Zu dem Zeitpunkt war ich auch mit dem kleinen Studium in der Betriebsakademie fertig. Mein Abschluss war sehr gut. Ich war sehr glücklich und mit meinem Leben eigentlich zu frieden. Inzwischen hatten meine beiden Brüder Bernd und Gerhard Ausreiseanträge aus der DDR in die Bundesrepublik Deutschland gestellt und hatten die Ausreise auch geschafft. Auch wir redeten immer öfter über die wirtschaftliche Situation vor allem die der Gaststätte. Irgendwann im Laufe des nächsten Jahres kamen wir überein auch diese Ausreise zu beantragen.

Wir überlegten und formulierten den Antrag, den wir schreiben wollten lange, denn wir wollten es richtig machen.

Abschließend und unserer Meinung nach nicht provokativ für die Behörden der DDR stellten wir folgenden   Antrag.:

Antrag auf Entlassung aus der Staatsbürgerschaft der DDR und Übersiedlung in die Bundesrepublik Deutschland.

Hiermit stellen wir, Heinzpeter Kemnitz geb. am 1.8.1944 in
Ravensburg/ Württemberg, Brigitte Kemnitz geb. am 9.1.1941
In Gollnow/ Naugard und Jacqueline Kemnitz geb. am 15.9.1969
In Brandenburg, den Antrag aus der Staatsbürgerschaft der DDR entlassen zu werden und unseren Wohnsitz in die BRD in den Raum Frankfurt am Main zu verlegen.

Die Gründe hierfür sind nicht politischer Natur sondern eine starke Familienbindung zu unseren Verwandten in Frankfurt. Seit sie dort wohnen können wir uns nicht mehr regelmäßig sehen, und das belastet uns sehr.

Wir hoffen, dass Sie unserem Antrag stattgeben, und uns dieses Grundrecht der Schlussakte von Helsinki, das ja auch von der DDR unterschrieben wurde, nicht verweigern.

Mit freundlichem Gruß

gez. H-P Kemnitz
Gez. B. Kemnitz

Es verging keine Woche und wir wurden zu einem Gespräch bei der Abteilung „Innere Angelegenheiten" des Kreises Brandenburg aufgefordert. Wir nahmen diesen Termin wahr und fuhren nach Brandenburg zum Rat des Kreises. Nach längerem Warten wurden wir in das Büro des zuständigen Mitarbeiters gerufen. Das Gespräch verlief in einer ruhigen Atmosphäre und endete mit einer Absage und dem Hinweis, dass wir uns die Sache noch einmal überlegen sollen. Zu diesem Gespräch befindet sich ein Protokoll in unserer Akte der Staatssicherheit. Dort wurde uns bewusst gemacht, dass wir mit unserem Antrag die Absicherung der Versorgung der Bevölkerung in der Gemeinde nicht beeinträchtigen durften und wir unsere Arbeit weiterhin so machen müssen wie bisher.
Es vergingen Wochen und einige Monate. Wir hörten nichts mehr von den Behörden. Wir schrieben weitere Anträge und ließen nicht locker. Auch schickten wir Abschriften der Anträge an meine beiden Brüder in die Bundesrepublik. Die meisten kamen nicht an, da sie von der Staatssicherheit abgefangen wurden.
Eines Tages, wir waren in Berlin, gingen wir in der Straße unter den Linden zur französischen Botschaft um dort nach zu fragen was es noch für Möglichkeiten für uns gab. Wir mussten uns dort rein schleichen, da die westlichen Botschaften streng bewacht wurden. Es gelang uns. In der Botschaft gelangten wir, nachdem wir unser Anliegen einem Mittarbeiter mitgeteilt hatten zum Konsul der französischen Botschaft. Er hörte uns an und fragte nach meinem Vater. Ich zeigte ihm meine Papiere, die bewiesen, dass mein Vater Franzose ist. Im weiteren Gespräch teilte uns der Konsul mit, das ich nach französischem Recht 50 Jahre Zeit habe die französische Staatsbürgerschaft an zunehmen. Er sagt mir, ich sollte die restlichen Papiere beim nächsten Besuch mitbringen und dann den Antrag zur französischen Staatsbürgerschaft stellen. Das taten wir dann auch.
 Ein paar Tage später fuhren wir wieder nach Berlin. Der Konsul nahm die Pariere entgegen und wir hatten wieder ein gutes Gespräch. Auch ich hatte im Anschluss an diesem Besuch ein gutes Gefühl. Wir fuhren wieder nach Hause und merkten, dass wir nicht mehr allein waren.

Immer und zu jeder Zeit hatten wir das Gefühl, bespitzelt und beobachtet zu werden. Das sollte sich auch später noch bestätigen. Eines Tages, wir waren zu Hause, raschelte die Hecke an unserer Grundstücksgrenze. Ich nahm das Luftgewehr, das ich immer in einer Ecke unseres Eingangs hatte und schoss in die Richtung des Raschelns. Ich sagte dabei: "Schon wieder ein Schwein". Es gab bei uns auf dem Grundstück immer wieder Wildschweine, die nach Eicheln und anderem Fressen suchten. Ich war mir aber sicher, dass es diesmal kein Wildschwein war, sondern ich vermutete, dass es ein Mitarbeiter des DDR Staatssicherheitsdienstes war. Ich glaube ich hatte recht, denn einige Jahre später konnte ich ja meine Stasiakte einsehen und dort fand unter anderem einen Bericht und eine Zeichnung von einem gewissen Peter Schreck, der ein informeller Mitarbeiter der Staatssicherheit mit dem Decknamen „IM Glimmer" war. Er hielt sich oft in der Gaststätte auf, denn er war inoffizieller Mitarbeiter der Stasi. Er wusste genau wie man zu uns gelangen konnte. Wir schrieben weiter an die Staatsorgane und den Staatsratsvorsitzenden Erich Honecker und machten unser Anliegen immer wieder neu. Lange Zeit blieben unsere Schreiben aller Art unbeantwortet. Auch schrieben wir an unsere Verwandten, wie meine beiden Brüder, die ja Einreiseverbot in die DDR hatten. Unter anderem Briefe die den Staatsratsvorsitzenden Honecker bei seinem Besuch in Bonn überreicht werden sollte. Zwei dieser Briefe landeten direkt bei der Staatssicherheit, denn die fing man direkt bei der Post ab. Den dritten habe ich heimlich auf der Autobahn einem westdeutschen LKW Fahrer gegeben. Der hatte mir versprochen den Brief weiter zu leiten. Er hat sein Wort gehalten. Dafür sage ich heute noch einmal; „Danke". Dieser Brief ist durchgekommen. Er wurde dem Honecker überreicht als er in Bonn war und um die Anerkennung der DDR bettelte. Das hatte für uns starke Auswirkungen, denn wir wurden durch das Überreichen dieses Briefes nicht verhaftet und interniert, was für uns schon vorgesehen war. Auch das las ich später in der Akte der Staatsicherheit.
Ein paar Monate später fuhren wir, wie verabredet wieder zur französischen Botschaft nach Berlin. Dort empfing man uns, wie immer, freundlich und teilte uns mit, dass wir, meine Tochter und ich, die französische Staatsbürgerschaft erhalten werden. Meine Frau bekam sie nicht, weil sie keine Geburtsurkunde hatte, da diese bei den Kriegswirren in Pommern verloren gegangen war. Von nun an standen wir in ständigem Kontakt mit der französischen Botschaft und wurden zu Feierlichkeiten, wie der Begehung des Nationalfeiertages, Weihnachten und so weiter eingeladen. Eine Woche später waren unsere Pässe, Ausweise und unser französisches Familienbuch fertig. Wir fuhren nach Berlin und holten die Dokumente ab. Es war das erste positive Gefühl seit langer Zeit.

Es dauerte zwei Tage, als wir Post von der Polizei und somit eine Aufforderung uns dort zu melden, bekamen.

Wir machten uns auf den Weg zur Polizei nach Brandenburg. Dort stellten wir fest, dass dort alle wussten, dass uns die französische Staatsbürgerschaft verliehen wurde. Das Ereignis hat sich sehr schnell bei allen staatlichen Stellen und auch in unserem Betrieb herumgesprochen. Das war uns sehr recht und wir nahmen auch kein Blatt mehr vor den Mund. Ich erzählte es jedem, der es wissen oder auch nicht wissen wollte, denn ich war unheimlich stolz darauf. Ab sofort konnten wir auch öffentlich, und ohne Angst haben zu müssen, jederzeit die französische Botschaft betreten. Bei einem dieser Besuche der Botschaft sprach der Konsul mit mir und bat mich den Ausreiseantrag zurück zu nehmen und einen Umzug nach Frankreich zu beantragen. Ich sagte zu ihm, dass ich überhaupt kein Wort französisch spreche und dass es aus diesem Grund nicht gehe. Er lachte bloß und sagte wörtlich zu mir: " Dann steigen sie einfach in Frankfurt aus". Weiterhin sagte mir der Konsul, dass der Staatsratsvorsitzende Honnecker bald nach Paris fahren wollte um seine Werbetour zur Anerkennung der DDR fort zu setzen. Bei dieser Gelegenheit wird ihm eine humanitäre Petition der französischen Regierung überreicht, in der 10 Familien aus der DDR erwähnt werden, die den Umzug nach Frankreich wünschen und wir werden dabei sein. Wir überlegten nicht lange und taten das, was uns der Konsul vorgeschlagen hatte.

Es dauerte noch ungefähr einen Monat und wir bekamen Bescheid, dass wir die DDR verlassen können. Auch wurde uns gleich ein sehr kurzfristiger Termin genannt. Wir hatten in der kurzen Zeit viel zu erledigen. Wir mussten unser Haus und Grundstück verkaufen, denn wir durften kein Grundbesitz in der DDR haben. Weiterhin mussten wir bei Banken und so weiter nachweisen, dass wir keine Schulden hatten. Unsere Möbel und den weiteren Besitz mussten wir auch verkaufen. Wir fuhren in dem ganzen Durcheinander auch noch einmal nach Berlin zur französischen Botschaft, denn ich wollte mich bei dem Konsul herzlich bedanken. Außerdem nahm ich 50000 DDR Mark mit und fragt ihn, was ich damit machen solle. Er nahm das Geld und legte es ungezählt in seinen Tresor. Er erklärte mir, dass er für uns in Straßburg bei einer Bank ein Konto einrichten würde und wir es nach einer gewissen Zeit dort abheben könnten. Wir erklärten unser Einverständnis.

Wir mussten jetzt unsere Arbeit kündigen nahmen uns aber vor, nicht tatenlos vor uns hin zu leben. Aus diesem Grund suchten wir uns andere Arbeit, auch in unserem Betrieb. So begann ich in der Gaststätte „Schmerzker Eck" als Koch pauschal zu arbeiten. In derselben Gaststätte nahm meine Frau Brigitte die Tätigkeit als Kellnerin auf. So verdienten wir noch Geld und mussten Niemand auf der Tasche liegen. Es dauerte auch nicht lange unser Haus zu verkaufen, denn es war inzwischen ein schönes Grundstück geworden. Unseren Hausrat und die Möbel verkauften wir an Nachbarn und Bekannte. Die letzten Tage wohnten wir bei meiner Tante Lotti. Sie war die Schwester meiner verstobenen Mutter. Wir kauften uns für die Übergangszeit auch noch ein Auto vom Typ „Trabant", den wir bei unserer Ausreise dem Jüngsten Sohn meiner Frau schenkten. Die letzten Tage waren sehr hektisch. Wir mussten viele staatlich Stellen, wie Banken, Versicherungen und vieles mehr ablaufen, um uns dort Bescheinigungen zu besorgen die belegten, dass wir keine Belastungen mehr in der DDR hatten. Am letzten Tag in der DDR mussten wir zur Polizei. Dort wurden unsere Personalausweise eingezogen und wir bekamen Pässe, die aussagten, dass wir staatenlos seien. Inzwischen hatten wir unsere Sachen gepackt, ein paar Koffer, Taschen und einen Überseekoffer, den meine Uhrgroßmutter in den 1920ziger Jahre aus den USA vom Besuch ihres Sohnes mit gebracht hatte.

Dann war der Tag unserer Ausreise gekommen. Wir waren sehr aufgeregt. Wir bestiegen den Zug, Unsere Gepäckstücke wurden in den Gepäckwagen gebracht. Die Zugfahrt war sehr aufregend, denn uns war auch klar, dass wir unsere Heimat so schnell nicht wiedersehen sollten. Einen Aufreger gab es noch an der „Grenzstation Helmstedt". Nachdem unsere Papiere kontrolliert waren und man uns von allen Seiten beäugt hatte, dauerte es noch ziemlich lange bevor sich der Zug in Bewegung setzten sollte, denn wir hörten eine Lautsprecherdurchsage, die dazu aufforderte, es solle jemand zum Gepäckwagen kommen. Nach einigen Wiederholungen dieser Durchsage, bemerkte ich, dass dabei der Name meines Bruders fiel. Wir hatten auf den Überseekoffer die Adresse meines Bruders aus Frankfurt am Main geschrieben. Also machte ich mich auf den Weg zum Gepäckwagen. Als ich dort ankam schnauzten mich die DDR Grenzbeamten erst einmal an und forderten mich auf diesen Koffer zu öffnen, damit sie den Inhalt kontrollieren können. Sie sagten zu mir, es könne sich ja jemand da drin versteckt haben und wir wollen ihn mit aus der DDR schmuggeln. Ich kam der Aufforderung nach und öffnete den Überseekoffer. Sie überzeugten sich, dass alles in Ordnung war und der Zug setzte sich in Bewegung. Wir fuhren in den Westen. In Hannover, stiegen wir in einen Intercity um.

 Beim Einsteigen rutschte Jacqueline von der Treppe des Zuges ab und kam mit ihrem Bein zwischen den Wagen und dem Bahnsteig. Das war ein richtiger Schreck für uns. Aber wir befreiten sie und es ging alles gut. Die Fahrt bis Frankfurt verging schnell, denn alles was wir sahen war ja für uns neu. Der Zug fuhr über 200 Stunden Kilometer. Das kannten wir aus der DDR überhaupt nicht. Als der Zug in den Bahnhof von Frankfurt einfuhr war es ein unheimliches Gefühl für mich. Ich fühlte richtig, dass ich in Deutschland angekommen bin. Auch sah ich sofort ein bekanntes Gesicht auf dem Bahnsteig. Es war mein Bruder Gerhard, der uns abholte. Nach der herzlichen Umarmung führte er uns zu seinem Auto. Wir fuhren durch Frankfurt zu seiner Wohnung. Sie war in der Nähe des Frankfurter Zoos. Dort angekommen, begrüßte uns die restliche Familie. Seine Frau Gitta und die 4 Kinder. Gerhard hatte ja wieder geheiratet und musste bei seiner Ausreise die 2 Kinder seiner Frau aus erster Ehe adoptieren, denn sonst hätte er nicht ausreisen dürfen. Wir blieben das Wochenende bei Gerhard in Frankfurt. Gleich am folgenden Montag mussten wir uns aber in Gießen, im dortigen Aufnahmelager, melden. Mein Bruder fuhr uns mit seinem Auto dort hin und wir verabredeten, dass er uns nach unserem Aufenthalt dort wieder abholt.

Im Aufnahmelager Gießen angekommen mussten wir uns erst einmal verschiedenen Anmelde Formalitäten unterziehen und bekamen auch gleich eine Unterkunft zugewiesen. Dann teilte man uns mit, dass es ungefähr eine Woche dauern würde, um die Aufnahme komplett zu bewerkstelligen. Gleich zum Anfang, also noch am Ankunftstag gab man uns ein kleines Taschengeld und teilte uns mit, dass wir an dem Tag frei hätten und die Befragungen am kommenden Tag beginnen würden. Auch bekamen wir ein Schreiben in dem der Ablauf der Befragungen erläutert wurde. So erfuhren wir, dass wir eine Gesundheitsüberprüfung machen mussten und Befragungen von deutschen Behörden und von den Alliierten zu erwarten hatten. Wir richteten uns so gut wie es ging ein und da wir ja an diesem Tag nichts weiter vor hatten, sahen wir uns erst einmal das gesamte Lager an und machten uns am Nachmittag auf, uns die Stadt Gießen anzuschauen. Es war für uns sehr beeindruckend. Als wir in die Stadt kamen, mussten wir an einem Bahnübergang über eine Brücke gehen, um in die Innenstadt zu kommen. Das Erste, was ich sah, als wir der Bahnübergang überquert hatten, war ein Bettler, der am Straßenrand der Einkaufsstraße saß. Ich war erst einmal betroffen, denn auch so etwas hatte ich noch nicht gesehen, denn in der DDR gab es das nicht. Bei meinem zweiten Blick jedoch sah ich, wie der Bettler hinter sich griff, eine Flasche Sekt hervor holte, und daraus trank. In diesem Moment viel die Anspannung von mir ab, denn ich wusste was der Sekt in der DDR gekostet hätte, ich habe ja viele Flaschen Sekt bei mir in der Gaststätte verkauft und da kostete jede Flasche 27 Mark. Ein normaler Bürger der DDR verdiente ungefähr 500 Mark im Monat. Mit großen Augen sahen wir uns die Stadt und auch die Auslagen der Geschäfte an. Wir kamen aus dem Staunen nicht mehr raus. Wir sahen so viel Neues, das konnte man sich vorher gar nicht vorstellen. Ja wir waren einfach überwältigt. Als wir wieder im Lager ankamen führten wir noch lange Gespräche über das Gesehene. Am nächsten Tag begannen die Tätigkeiten für die Aufnahme. Sie zogen sich die ganze Woche hin, bis zum Freitag. Wir bemerkten gar nicht wie die Zeit verging. Am Freitag holte uns Gerhard dort ab und wir fuhren wieder in seine Wohnung. Noch an diesem Freitag fuhren wir alle zu einem großen Supermarkt in

Frankfurt und kauften für das anstehende Wochenende ein. Das war für uns ein Moment, bei dem wir wieder einmal total beeindruckt waren. Wir sahen zum ersten Mal die Vielfalt und die Preise der angebotenen Waren. Das ganze Wochenende wollten wir in Ruhe verbringen, aber je mehr wir miteinander redeten, wurde uns immer mehr bewusst, dass unser Leben anders geworden war. Schon am Sonntagabend sahen wir die Zeitungen der Stadt Frankfurt durch und suchten nach Arbeit und einer eigenen Wohnung. Uns wurde ja immer in der DDR gesagt, dass es in der Bundesrepublik Deutschland viel arbeitslose und wohnungslose Menschen gibt und es wurde uns auch gesagt, dass wir bald dazu gehören würden. Umso mehr war es Anspruch für mich, es nicht soweit kommen zu lassen. An diesem Wochenende war nichts Passendes für uns dabei. So konzentrierten wir uns erst einmal in die darauf folgende Woche, in der wir uns bei den Behörden und Ämtern anmelden mussten. Dabei erfuhren wir, dass die Pässe mit denen wir die Ausreise aus der DDR erhalten hatten, nicht geeignet waren um in der Bundesrepublik Deutschland zu leben. Wir mussten erst einmal wieder die deutsche Staatsbürgerschaft beantragen. Das dauerte aber nur 2 Tage. Danach konnten wir uns erst ein Konto einrichten, uns arbeitslos melden, uns bei einer Krankenkasse anmelden und uns danach dann um Wohnraum und eine Arbeitsstelle kümmern. Das alles war für uns recht zeitaufwendig. Wir bewerkstelligten das alles aber innerhalb der einen Woche. An dem nächsten Wochenende gab es wieder Zeitungen, in denen Wohnungen und auch Stellenanzeigen waren, die wir uns ansahen. Am selben Abend gingen Brigitte und ich zu einer großen Gaststätte direkt am „Frankfurter Römer", stellten uns vor und bewarben uns. Das Ergebnis war, dass wir beide dort sofort anfangen könnten, aber immer in verschiedenen Schichten. Man traute keinem Ehepaar zu, dass sie ehrlich seien wenn sie in einer Schicht arbeiteten würden nämlich - ich als Koch und Brigitte als Bedienung. Man hatte Angst vor Manipulationen. Das wiederum kannten wir aus der DDR auch nicht. Wir wollten aber zusammen arbeiten und sagten dort ab. Am nächsten Tag, dem Montag, gingen wir zu einer Fischgaststätte der „Kette Nordsee" um uns zu bewerben. Der Chef unterhielt sich mit uns. Wir zeigten unsere Papiere und erzählten unseren Werdegang. Er war beeindruckt aber sagte zu mir wörtlich: „Eigentlich sind sie ja überqualifiziert". Er hatte meinen Abschluss als Koch und auch den von dem Studium als Gaststättenleiter gesehen. Nachdem ich aber erklärt hatte, dass ich nur arbeiten wollte und für mich meine Papiere keine Rolle spielen würden, sagte er uns sofort zu. Er erklärte uns, dass die Gaststätte noch im Bau war und es noch ungefähr 2 Monate dauern würde, bis sie eröffnet werden kann. Dann wäre es aber das modernste Fischrestaurant Deutschlands. Die Zeit bis dahin sollten wir nutzen um uns in anderen Fischgaststätten Wissen anzueignen. Diese Restaurantkette hatte zu dieser Zeit in Frankfurt 5 Läden. Wir sagten zu und schlossen am nächsten Tag beide einen Arbeitsvertrag ab. Wir sollten am darauf folgenden Montag mit der Arbeit beginnen. Auch hatten wir am Sonntag, in der Zeitung eine Anzeige gesehen in der eine Wohnung vermietet werden sollte, die genau dem entsprach, wie wir sie uns vorgestellt hatten. Die Besichtigung war für den Freitag der gleichen Woche anberaumt. Die Adresse war in der Mainzer Landstraße. Rechtzeitig fuhren wir mit der S-Bahn dorthin um uns diese Wohnung anzusehen und uns zu bewerben. Als wir dort ankamen waren wir nicht die einzigen Bewerber. Es waren ungefähr 20 Leute da. Wir waren die 5. oder 6. der Bewerber. Die Vermieter waren 2 ältere Damen, sehr konservativ. Sie sprachen mit jedem der Bewerber. Als wir an der Reihe waren und wir erzählten, von wo wir gekommen sind, wurden sie hellhörig. Unserer Mundart gerecht hatten wir gesagt, dass wir aus Berlin gekommen sind. Es stellte sich heraus, dass es richtig war, nicht preis zu geben, das wir aus der DDR gekommen sind, denn sonst hätten wir diese Wohnung nicht bekommen. Sie sagten uns zu, weil wir den Mut aufgebracht hatten, von Berlin durch die DDR zu fahren, um nach Frankfurt zu kommen und um dort zu arbeiten. So hatten wir innerhalb einer Woche Arbeit und Wohnung. Nun begannen wir unsere Wohnung einzurichten. Wir kauften uns Möbel, die wir uns leisten konnten, die aber für uns trotzdem schön waren. Das war schwierig weil wir ja auch mit der Arbeit beginnen mussten. Auch mussten wir uns um ein Auto kümmern. Wieder bemühten wir die Zeitung. Schnell fanden wir eins, das zu uns passte. Wir fuhren in den Main Taunus Kreis und kauften von privat einen „Audi 80" für 1000 DM. So konnten wir auch gemeinsam zur Arbeit fahren, denn wir wurden zur Einarbeitung in ein Einkaufszentrum in der Frankfurter Nordweststadt eingeteilt. Dort kam ich in einen Gourmet Imbiss und meine Frau in einen normalen Imbiss der „Kette Nordsee". An die Arbeit gewöhnten wir uns schnell, denn wir kamen ja aus der Gastronomie. An die Produkte musste ich mich erst gewöhnen, denn es waren ganz andere als die in der DDR. Auch die Gerichte waren ganz anders. Da gab es für mich viel zu lernen. Das war auch erforderlich, denn wenn die Gaststätte in Betrieb gehen würde in der wir arbeiten sollten, musste alles klappen. Wir mussten funktionieren denn wir wollten uns auch keine Blöße geben. So verging die Zeit der Einarbeitung und die unserer Wohnungseinrichtung wie im Fluge. Bevor wir umzogen fuhr ich gemeinsam mit meinem Bruder Gerhard von seiner Wohnung zu unserer Wohnung mit jeweils unserem Auto, damit ich die Wege und Straßen in Frankfurt kennen lernen konnte. Auf dem Rückweg kamen wir an eine Kreuzung. Gerhard fuhr rüber und ich hinterher, um ihn nicht zu verlieren. Mitten auf der Kreuzung blitzte die Ampel zweimal. Darüber wunderte ich mich und fragte meinen Bruder, was das gewesen ist. Er sagte nur:" Darüber bekommst du noch Bescheid". Er sollte recht behalten, denn zwei Wochen später bekam ich eine Mitteilung vom Ordnungsamt mit den Hinweisen, dass ich einen Punkt in meine Fahrzeugpapiere bekam und, dass ich 100 DM Strafe bezahlen musste. Da begriff ich erst, dass die Ampel bei meiner Überfahrt über die Kreuzung „Rot" gewesen war.

In den nächsten Tagen zogen wir in unsere angemietete Wohnung und unser Leben wurde ein ganz normales Leben. Nach sehr kurzer Zeit hatten wir den Standard von vor unserer Ausreise aus der DDR erreicht. In der ganzen Zeit rief ich immer mal in Straßburg bei der Bank in Frankreich an um zu erfahren, ob das Konto, das der Konsul der französischen Botschaft für mich einrichten wollte, schon eröffnet sei. Es war noch nichts geschehen. Aber nach einigen Wochen, ich hatte meine Telefon Nummer dem Mitarbeiter der Bank hinterlassen, bekam ich einen Anruf aus Straßburg und der Herr am Telefon sagte mir, dass, das Geld auf dem von mir angegebenen Konto eingegangen war. Wir vereinbarten einen Termin. Ich machte mich dann mit meiner Frau auf den Weg nach Straßburg. Es war nun das erste Mal, dass ich in Frankreich war und war überrascht, wie einfach wir die Grenze ohne Kontrolle passieren konnten. Die nächste Überraschung ereilte mich in der Bank. Mein Geld, das ich in der französischen Botschaft in der DDR dem Konsul übergeben hatte, wurde mir in voller Höhe in DM ausgezahlt. Eigentlich war es noch ein bisschen mehr, denn es waren in dieser kurzen Zeit schon Zinsen aufgelaufen. Wir sahen uns noch Straßburg an und fuhren dann in aller Gemütlichkeit und mit viel Freude zurück nach Frankfurt, denn wir mussten am nächsten Tag wieder pünktlich auf der Arbeit sein. In drei Wochen war der Termin an dem das Restaurant eröffnet werden sollte und in dem wir dann unseren Arbeitsplatz antreten sollten. Es ergab sich, dass wir in das neue Restaurant zusammengerufen wurden und wir bei den restlichen Arbeiten mithelfen sollten. So lernten wir auch die anderen Kollegen kennen, denn es war ja eine Neueröffnung. Wir verstanden uns mit den neuen Kollegen von Anfang an sehr gut. Die Arbeit war angenehm. Die Eröffnung war dann wunderschön, denn alle hatten sich Mühe gegeben. Es gab ein Buffet, die Brauerei fuhr mit einem Sechsspänner vor und die Arbeit machte großen Spaß. Am nächsten Tag begann aber die richtige Arbeit. Das heißt: Das Geschäft ging los und wir hatten vom ersten Tag an immer zwischen 18000 und 20000 DM Umsatz. Meine Frau arbeitete am Getränke Buffet und ich als Koch. Im ganzen Betrieb waren wir zwei Köche, mein Kollege, er war ein Tscheche und ich. Die Arbeit machte Spaß und ich hatte so viel zu tun das ich überhaupt nicht bemerkte, wie die Tage und Wochen vergingen. Abends, manchmal oder an unserem freien Tag sprachen wir über unsere Zukunft. Wir hatten ja die 50000 DM. Wir überlegten, wie wir dieses Geld sinnvoll einsetzen können, denn für unseren Lebensunterhalt verdienten wir ja genug. So fassten wir eines Tages den Entschluss, uns nach einem Lokal für eine eventuelle Selbständigkeit umzusehen. Wir beschlossen mit dieser Angelegenheit einen Makler zu beauftragen und abzuwarten was sich daraus ergab. Einen Makler fanden wir in Offenbach nicht weit von Frankfurt entfernt. Immer wieder meldete sich der Makler, aber es war nie etwas Entsprechendes für uns dabei. Er lud uns zum Beispiel nach Offenbach ein. Dort wollte sich ein Gastwirt aus seinem Geschäft zurück ziehen. Er bewirtschaftete die Vereinsgaststätte des Fußballvereins „Kickers Offenbach". Wir trafen uns dort mit dem Makler und sahen uns das Ganze an. Es stellte sich heraus, dass es ein ganz kleiner Laden war, der Inhaber eine sehr große Abfindung forderte und der Umsatz in keinem Verhältnis zu den Kosten stand. Ein weiteres Mal fuhr der Makler mit uns nach Höhrstein, das liegt im Vorspessart also schon in Bayern an der Grenze zu Hessen. Wir fuhren dort hin. Der Ort war in einem Weinanbaugebiet und es war ein Hotel. Wir fanden es sehr schön. Doch nun kam die Frage der Finanzierung und dessen Möglichkeit. Als Erstes musste ich mich nach Mainz begeben, zur dortigen Handelskammer. Dort teilte man mir mit, was alles zu berücksichtigen war. Ich musste eine Studie über die Umsatzmöglichkeiten in Auftrag geben, mir zu meinem Eigenkapital weitere finanzielle Möglichkeiten erschließen und eine Kreditanfrage bei einer Bank stellen. Danach konnte erst gerechnet werden. Das Hotel sollte 1000000 DM kosten. Ich fand einen Bierverleger, der Kapital dazu steuern würde, einen Automatenaufsteller der das Gleiche machen würde und die Studie für den Umsatz war auch gut. Als die Aufrechnung gemacht wurde stellten wir allerdings fest, das uns für die gesamt Finanzierung ungefähr 30000 DM fehlten. Das Geld war nicht so ohne weiteres aufzutreiben und wir nahmen Abstand von diesem Projekt. Mit unserem Chef in dem Fischrestaurant in dem wir arbeiteten sprachen wir natürlich auch über die Angelegenheit. Bei einer dieser Gespräche bot er mir an, in unserem Restaurant Stellvertreter von ihm zu werden. Ich war stolz darauf, sagte ihm aber, dass ich weitersuchen wolle um mich selbstständig zu machen. Er bedauerte das, aber er bestärkte mich trotzdem in unseren Bemühungen. Eines Tages rief abends mein Bruder Bernd aus Dinslaken an und teilte mir mit, das in dem Haus in, dem er wohnte, im Erdgeschoß eine Gaststätte sei, und diese in der nächsten Zeit frei werden würde. In Absprache mit unserem Betrieb machten wir uns auf den Weg nach Dinslaken. Das heißt, ich fuhr allein um die ersten Gespräche mit dem Makler und dem Vermieter zu führen. Es waren recht positive Gespräche. Es würde im gleichen Haus in dem mein Bruder wohnte und die Gaststätte war auch für uns eine Wohnung zur Verfügung stehen. Auch unser Geld reichte für die Kaution und die ersten finanziellen Dinge. Wir vereinbarten, uns gegenseitig zu verständigen, und wieder in Kontakt zu treten. Noch arbeitete die derzeitige Wirtin in der Gaststätte und wir mussten abwarten bis ihr Vertrag zu Ende war. Also machten wir unsere Arbeit weiter so wie bisher. Da das Fischrestaurant weiterhin sehr gut besucht war blieb sehr wenig Zeit über alles nachzudenken, aber auch die Zeit verging sehr schnell. Das Leben in Frankfurt war ja sehr schnelllebig. Jacqueline, die inzwischen in einem Steakhaus arbeitete, kam eines Tages zu uns auf die Arbeit und berichtete uns, dass ihr bei einem Einkaufsbummel auf der „Zeil" ihre Tasche mit ihrem Geld und auch ihrem Schlüsselbund gestohlen worden war. Wir musste schnell reagieren, denn auch ihre, und somit unsere Adresse war bei dem Diebesgut. In dem Haus, indem wir wohnten, war im Erdgeschoß ein Schlüsseldienst. Wir ließen uns dort sofort neue Schlösser in unsere Wohnungstür einbauen. Es ging alles gut. Ein paar Wochen später fuhren wir, Brigitte und ich wieder nach Dinslaken um unser Projekt voran zu treiben. Es ließ sich alles sehr gut an. Wir besprachen mit dem Vermieter, der auch der Bierlieferant war, die Einzelheiten. Es ging dabei um die Höhe der Miete und auch der Kaution. Außerdem musste ja renoviert werden, es musste ein Name für die Gaststätte gefunden werden und die Biersorten mussten vereinbart werden. Nach zwei bis drei Stunden hatten wir uns über alles geeinigt und sprachen auch noch den Terminplan für die Renovierung und die der Eröffnung ab. Es gab aber noch vieles für uns zu tun. So mussten wir uns noch eine Küche für die Gaststätte kaufen und ich wollte die Renovierung und Ausstattung der Gaststätte überwachen. Wir hatten das ganz normale Zeitgefühl verloren, denn es wurde Weihnachten und wir bekamen Besuch aus der alten Heimat. Meine Tante Lotti aus Brandenburg besuchte uns. Sie durfte das, denn sie war schon Rentnerin und die durften ja in den Westen fahren. Das neue Jahr begann und wir konzentrierten uns auf unsere bevorstehenden Aufgaben. So kündigten wir unsere Arbeitsstelle, unsere Wohnung und bereiteten uns auf den Umzug vor. Auf unserer Arbeit bedauerten alle sehr das wir wieder weggingen, denn wir waren gut in unserer Arbeit und verstanden uns mit allen Mitarbeitern sehr gut. Die Kollegen bereiteten uns einen emotionalen Abschied. .

Ich verabredete mit meinem Bruder Bernd, dass er uns bei unserem Umzug hilft. Er sollte das Auto fahren, denn er konnte das gut. Am Morgen des Umzugs beluden wir das Auto mit allen unseren Sachen. Es passte alles rauf, denn so viel hatten wir ja noch nicht.

Der Umzug trübte mein Verhältnis zu meiner Tochter, denn sie konnte nicht mitkommen und suchte sich eine andere Unterkunft. Ich bedauerte das sehr, aber es beruhigte mich schon bald als ich erfuhr, dass Ihr Bruder Uwe sie nach Berlin holte und sie dort Arbeit und Unterkunft fand. Wir fuhren erst einmal nach Hiesfeld, ein Ortsteil von Dinslaken, wo Bernd wohnte und im gleichen Haus auch die Gaststätte war. Unsere Möbel konnten wir dort jedoch nicht ausladen, weil die Wohnung noch nicht frei war. In der Wohnung wohnte noch die ehemalige Wirtin der

Gaststätte. Unsere Möbel und die Sachen die wir benötigten brachten wir nach Mühlheim an der Ruhr in eine Gaststätte, die auch unserem Vermieter gehörte und auch leer war. Wir richteten uns in der dazu gehörenden Wohnung über der Gaststätte ein. So mussten wir jeden Tag morgens 50 Km hin und abends 50 Km zurück fahren. Aber wir fingen an uns in unserer Gaststätte ein zu richten. Der Vermieter baute die Gaststätte nach unseren Wünschen um und renovierte das Ganze. Es wurde alles mit neuen Möbeln ausgestattet und als Blickpunkt in der Mitte des Gastraumes ein künstlicher Kastanienbaum installiert. Die Gaststätte erhielt den Namen " Kemmi´s Kastanie" in Anlehnung unseres Namens.

Das Einzige, das wir besorgen und kaufen mussten war die Kücheneinrichtung. Es war auch das teuerste, aber auch das bekamen wir hin. Wir hatten uns einen engen Zeitrahmen für unsere Eröffnung gesetzt und bauten auch die Küche selbst ein. Nur die Wasser und Elektroanschlüsse ließen wir von Fachfirmen installieren. Am Abend vor unserer Eröffnung arbeitete die Elektrofirma noch bis Mitternacht in unserer Küche. Anschließend kochte ich noch für unsere Eröffnung Speisen vor. Um am anderen Tag pünktlich eröffnen zu können, schliefen wir in dieser Nacht bei meinem Bruder in seiner Wohnung. Zur Eröffnung hatte ich in der Zeitung Werbung gemacht und Freibier angeboten. Ich hatte am ersten Tag nicht mit viel Umsatz gerechnet. Es war auch so und ich bekam einen Schreck als ich abends in unsere Kasse sah. Es waren gerade einmal 25 DM und ich bekam den ersten Schreck, denn ich musste daran denken, dass ich mit der ersten Miete, der Kaution, dem Wareneinkauf und der Küche weit über 50000 DM ausgegeben hatte.   Wir ließen uns aber nicht abschrecken, denn wir wollten uns und allen Anderen beweisen, dass wir es wollten und konnten. Trotzdem war die erste Zeit schwer, denn neben unserer Arbeit mussten wir ja jeden Tag morgens hin und abends zurück fahren. Mit der Zeit stellte sich auch der Erfolg ein und durch die viele Arbeit merkte man überhaupt nicht wie die Zeit verging. Die Zahl der Stammgäste erhöhte sich ständig. Ich bot neben der Standard Speisekarte jeden Tag ein Essen für 6,00 DM an. Das wurde sehr gut angenommen, denn das konnte sich jeder leisten und ich sorgte dafür, dass es auch gut schmeckte. Die Zeit verging und unsere Wohnung über der Gaststätte wurde frei. Nach der Renovierung, bei der mir mein Bruder Bernd half, zogen wir dort ein. Es mussten zu einem großen Teil neue Möbel gekauft werden, denn es sollte auch gemütlich sein. Jetzt waren wir angekommen und wir fühlten uns wohl. Inzwischen wurde auch mein Freundeskreis größer, der sich aber zum größten Teil aus Stammgästen zusammensetzte. Einer meiner besten Freunde war ein Direktor einer Sonderschule aus Duisburg und ein anderer war der Jörg, mit dem ich heute, also nach fast 30 Jahren, noch befreundet bin. Wie die Zeit verging wurde mir klar, als der Herbst 1989 kam. Es war die Zeit des Umbruchs in der DDR. Mein Bruder Bernd fuhr eines Tages mit seinem Auto nach Süddeutschland an die tschechische Grenze. Ich bekam erst mit was er dort wollte, als er wieder zurück war. Er hatte dort seinen Schwager aus der Tschechei über die deutsche Grenze geholt und ihn so aus der DDR in die Bundesrepublik Deutschland gebracht. Das war immer noch sehr gefährlich, aber es ging alles gut. Wir erlebten in der Gaststätte, in der wir auch einen Fernseher aufgestellt hatten hautnah mit wie der Umbruch in der DDR von statten ging. Wir zitterten mit den Ereignissen mit die dort vor sich gingen und wir hatten Angst um die Menschen dort, denn wir hatten in der DDR immer noch sehr viele Freunde. Mit Freude erlebten wir die Maueröffnung und waren dann sehr erleichtert dass alles friedlich abging. Ungefähr 2 Wochen nach diesen Ereignissen nahmen wir uns ein paar Tage frei und machten uns auf den Weg in die DDR, denn wir konnten jetzt wieder dort einreisen. Von unserer Gaststätte bis nach Berlin waren es ungefähr 500 Km. Die Grenze machte uns keine Angst mehr und wir kamen auch gut durch. Zuerst besuchten wir meine Tante Charlotte, die in Brandenburg wohnte. Sie war sehr überrascht und freute sich über den Besuch. Anschließend fuhren wir weiter nach Ziesar zu Brigittes Mutter. Dort verbrachten wir die erste Nacht. Unsere weiteren Ziele waren in Berlin bei Brigittes ältestem Sohn, einem befreundeten Gastwirt in Brandenburg und unseren alten Wohnsitz in Michelsdorf. Unsere alte Gaststätte dort war kaum noch besucht. Nach unserer Auffassung war alles, ob in Brandenburg oder in den anderen Orten, runtergekommen und schmutzig. Ich weiß nicht ob es uns nur so vor kam, weil es im Ruhrgebiet, wo wir wohnten alles sauber und ordentlich war, oder es der Wirklichkeit entsprach. Jedenfalls konnten wir kaum fassen, dass man von diesem Zeitpunkt an reisen konnte wie man wollte, ohne sich an einer Grenze zu fürchten. Nach ein paar Tagen fuhren wir wieder zurück in unsere Wohnung und nahmen auch unsere Arbeit wieder auf. Es ging auf Weihnachten zu und wir hatten in unserer Gaststätte zu tun. In der Nachmittagszeit war in der Gaststätte meistens eine kleine Flaute. In dieser Zeit gingen wir abwechselnd nach oben in unsere Wohnung um sich etwas auszuruhen. So auch an einem Tag, kurz vor Weihnachten. Gegen 14.00 Uhr ging ich in unsere Wohnung um die Beine etwas hoch zu legen. Brigitte blieb in der Gaststätte. Es war nur ein Gast, ein Italiener, der im Ort ein Eiskaffee besaß, in der Gaststätte. Er saß an den beiden Geldspielautomaten und war bei seinem Spiel sehr vertieft. Gegen 14.30 Uhr kam Brigitte sehr aufgeregt zu mir in die Wohnung und rief mir zu ich solle sofort runter kommen. Ich ging auch sofort nach unten. Dort angekommen, erzählte mir Brigitte zitternd, was geschehen war. Ein Gast ist in das Restaurant gekommen und verlangte das Tagesangebot. Um den Wunsch des Gastes zu erfüllen, musste Brigitte in die Küche, um das Essen zu zubereiten und auf einen Teller zu tun. Als sie in den Gastraum zurück kam, das dauerte nur 2 Minuten, war der Gast nicht mehr da. Sie brachte das Essen in die Küche zurück. Als sie wieder in den Gastraum kam, bemerkte sie, dass ihre Kellnerbörse weg war. Der angebliche Gast hatte die Situation ausgenutzt, die Börse gestohlen und war abgehauen. Es waren ungefähr

700 DM Verlust für uns. Das war sehr viel Geld. Ich lief noch auf die Straße und suchte die Umgebung ab. Es war niemand zu finden. Daraufhin meldeten wir den Diebstahl der Polizei – leider war auch das vergebens.

Weihnachten und Silvester vergingen und das Jahr 1990 begann. Das erste Ereignis im Jahr ist im Rheinland immer der Karneval. Ich bemühte mich um Kontakt zu dem ortsansässigen Karnevalsverein, sprach und verhandelte mit ihnen über die Ausrichtung des Rosenmontags. Im Zuge der Verhandlung hatte ich in Konkurrenz zu den anderen Gaststätten im Ort das beste Angebot für die Durchführung und auch den besten Preis für das Büfett. So bekam ich den Zuschlag für diese Veranstaltung

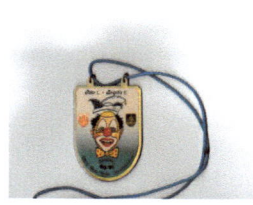

Wir führten Diese auch durch. Es war ein voller Erfolg bei dem uns 2 Karnevalsorden verliehen wurden. Einmal einer des Vereins und auf dem anderen stand Peter der 1. und Brigitte die 2. Etwas später im Jahr fragte mich einer der besten Stammkunden ob ich für ihn das Büfett für seinen 50. Geburtstag ausrichten und nach Duisburg liefern würde. Ich sagte zu und wir sprachen ab, was und wie es gestaltet werden sollte. Dabei stellte sich heraus, dass ein Teil seiner Gäste aus gehobenen Kreisen kam und Millionäre waren. Es war für Thomas, dem Schuldirektor der Sonderschule. Das Büfett war sehr umfangreich und es waren viele Extras dabei. Ich machte ihm einen Freundschaftspreis in dem ich ihm nur die Zutaten berechnete. Zum Einkaufen nahm ich ihn mit, er zahlte auch gleich und meine Arbeit war das Geburtstagsgeschenk von mir. Wir fuhren am Tag des Einkaufs morgens sehr früh nach Oberhausen zur Metro und kauften dort ein. Es waren viele Sachen, unter Anderem auch eine Dose echter russischer Kaviar. Zurück in unserer Gaststätte fragte mich der Thomas ob ich auch Piccolo

Flaschen Sekt habe. Ich hatte solche Flaschen und er schlug mir vor, mit Brigitte ein Sektfrühstück mit Kaviar zu machen. Wir gingen nach oben in unsere Wohnung und es wurde ein lustiger Vormittag bei dem auch die Dose Kaviar für über 150 DM alle wurde. Thomas gab mir Geld und ich fuhr los und kaufte eine neue Dose. Das Büfett wurde ein voller Erfolg.

So etablierten wir uns nach und nach und fühlten uns wohl. Das nächste Ereignis in diesem Jahr war die Fußball Weltmeisterschaft. Ich hatte wieder einen Fernseher in der Gaststätte aufgestellt. Von Spiel zu Spiel kamen mehr Leute. Als Deutschland im Endspiel war, platzte die Gaststätte aus allen Nähten. Deutschland wurde Weltmeister und die Feier ging bis zum Morgen. Bevor das Jahr zu Ende ging kam eines Tages der Bruder meines Vermieters, der mit seinen Bruder auch einen Automatenbetrieb hatte und auch bei mir 2 Geldspiel und 1 Dartgerät aufgestellt hatte. Er fragte mich, da er wusste, dass ich aus dem Ostteil Deutschlands war, ob ich noch Beziehungen zur Gastronomie dort hätte. Ich sagte ja, denn wir hatten uns in guter Atmosphäre von unserem Betrieb getrennt. Er schlug mir vor dort mit mir einen Automatenbetrieb aufzumachen. Er sagte er würde das nötige Geld investieren und ich solle mit meinen Beziehungen zur alten Heimat die Voraussetzungen schaffen. Nach einigen Überlegungen sagte ich zu und begann mich zu kümmern.   Ich rief meinen alten Betrieb, die Konsumgenossenschaft in Brandenburg an und verabredete ein gemeinsames Treffen. Einige Tage später machten wir uns auf den Weg nach Brandenburg. Es waren ungefähr 500 Km. Dort angekommen begaben wir uns sofort zu meinem ehemaligen Betrieb. Die Gespräche waren erfolgreich und wir bekamen die Zusage in allen Gaststätten des Betriebes Automaten auf zustellen. Natürlich nur in Absprache mit den Gaststätten Leitern. So hatten wir in kurzer Zeit circa 15 Gaststätten unter Vertrag. In der Kreisverwaltung musste ich noch eine Betriebserlaubnis einholen und das Gewerbe anmelden. Damit waren alle Voraussetzungen für die Eröffnung eines neuen Betriebes geschaffen. Für einige Gaststätten sollten wir auch Bierlieferungen organisieren. Es wurde der nächste Morgen als wir wieder im Ruhrgebiet ankamen. Herr Nierfeld, das war der Partner, mit dem ich den Betrieb realisierte, kümmerte sich um die Automaten und wir organisierten den Transport in den Kreis Brandenburg und stellten die Geräte dort auf. Es war auch die Zeit in der die D Mark dort eingeführt wurde und wir begannen auch zu diesem Zeitpunkt mit dem Betrieb. Ich hatte nicht viel Ahnung von dem Geschäft und musste mich erst in die Materie einarbeiten. In bestimmten Abständen, meist monatlich, fuhren wir gemeinsam dorthin und leerten die Automaten und errechneten den Gewinn. Ich bekam nur einen kleinen Teil davon ab. Nach einer längeren Zeit bemerkte ich, dass Herr Nierfeld zwischendurch auch öfter mal allein dort hin fuhr, ohne mich zu informieren. Er entnahm Geld aus den Automaten und ich bekam nichts davon ab. Daraufhin führte ich ein Gespräch mit ihm, das zu dem Ergebnis führte, das er aus dem Geschäft aussteigen musste. Er wollte von mir als Abfindung 50000 D Mark haben. Ich begann alle Rechnungen sowie die Geldflüsse zu über prüfen und durch zu rechnen. Dabei merkte ich, dass ein großer Teil der bei uns aufgestellten Automaten noch nicht bezahlt waren und ein anderer Teil nicht mehr betriebsfähig waren. Als ich das alles bemerkte, beschloss ich ihm kein Geld zu zahlen. Er war total wütend, und wollte mich verklagen und das Geld gerichtlich einklagen. Zwischenzeitlich gingen auch ein Teil der Automaten, die nicht mehr so neu waren kaputt und es wurde auch immer öfter eingebrochen, das Geld entwendet und auch die Geräte zerstört. In dieser Situation begann bei uns eine Phase des Nachdenkens. Wir kamen immer mehr zu dem Entschluss, in den Osten zurück zu gehen. Wir begannen uns um einen Nachfolger für unsere Gaststätte zu kümmern. Als wir wieder einmal in Brandenburg waren, lernten wir ein Gaststätten Ehepaar kennen, die ihre Gaststätte aufgeben musste, weil die Eigentümer diese selbst betreiben wollten. Das Ehepaar hatte großes Interesse an unserer Gaststätte. Wir sprachen viel miteinander und irgendwann einigten wir uns auf einen Verkauf.

Es ging alles auch sehr schnell, denn ich musste bei den Automaten anwesend sein. Das Ehepaar wollte schnell anfangen und so ging es bei uns ans packen. Wir arbeiteten die neuen Leute noch ein und übergaben ihnen eine gut gehende Gaststätte mit vielen Stammgästen. Der Tag unserer Abreise kam dann auch sehr schnell und es war ein Tag der so seine Tücken hatte. Wie immer fuhren wir auf der A2. In Höhe von Wolfsburg kamen wir in einen Stau und manchmal ging es auch nur schrittweise voran. Einmal, hinter uns war ein großer LKW, wir standen wieder einmal, fuhr der LKW an und rammte uns. Neben unseren persönlichen Sachen, hatten wir auch unseren Papagei an Bord. Er viel bei den Aufprall zu Boden, aber es war ihm nichts Schlimmes passiert. Im Vorfeld dessen hatten wir ausgemacht, dass wir ein paar Tage bei einem Bekannten in Lehnin in seinem Bungalow wohnen konnten, denn wir hatten noch keine Wohnung. In den nächsten Tagen fuhren wir durch die Gegend um uns nach einer Wohnung oder einem Haus umzusehen. Es war zum Anfang schwer, etwas zu finden. In Wusterwitz gefiel uns ein Haus, das zum Verkauf stand, gut. Bei der Rücksprache mit dem Verkäufer erfuhren wir, das, das Haus 180000 DM kosten sollte. Ich ging daraufhin zu unserer Hausbank um über eine Finanzierung zu reden. Dort sagte man mir zu, dass die Bank uns das Haus finanzieren würde und teilte uns die Konditionen mit. Als wir wieder draußen waren, überlegte ich noch einmal, ich hatte keine Erfahrung mit solchen Finanzierungen, drehte mich um und ging wieder in die Bank. Dort ließ ich mir genau die Konditionen und die Summe der Rückzahlung erklären. Ich erfuhr, dass die Bank von uns 450000 DM zurück haben wollte. Damit war für mich das Projekt gestorben und wir suchten weiter. Ungefähr eine Woche später erzählte mir ein Bekannter, dass jemand aus Michelsdorf, also aus dem Ort aus dem wir damals ausgereist waren, sein Haus verkaufen will. Wir fuhren am nächsten Tag nach Michelsdorf und auch durch die Straße in der das Haus stand um es uns erst einmal von außen aus anzusehen. Als wir das 2. Mal dort vorbei fuhren kam der Mann gerade aus dem Haus und sah sich auf der Straße um. Ich hielt an und ging zu ihm. Ich fragte ihn ganz direkt ob er sein Haus verkaufen will, denn ich hätte so etwas gehört. Mit einem Grinsen sagte er zu mir " ja ich muss aber 50000 DM haben". Ohne lange zu überlegen griff ich in meine Hosentasche, holte ein Bündel Geldscheine raus und sagte zu ihm dass ich 20000 DM hier sofort habe und er die restlichen 30000 DM in 10 Monatsraten a 3000 DM haben könne. Er sagte sofort zu nachdem er das Geld gesehen hatte. Wir gingen ins Haus um uns umzusehen und machten alles schriftlich. Er ging zur Nachbarin und holte sie als Zeugin, damit sie unser Schriftstück mit unterschreiben sollte. Sie machte das auch. Wir vereinbarten, dass ich mich um einen Notar kümmern würde. Das klappte alles ohne Probleme. Nach 10 Monaten hatten wir wieder ein eigenes Haus und keine Schulden. Wir wussten, dass wir das Haus umbauen und renovieren mussten. Damit begannen wir sofort. Als erstes entfernten wir im Erdgeschoss eine Wand, durch die 2 Zimmer getrennt waren und machten 1 Zimmer daraus. Dieses richteten wir uns ein und zogen dort auch sofort ein.

Als meine Tochter Jacqueline unser Haus das erste Mal sah, schlug sie die Hände über den Kopf zusammen und sagte ich solle das nicht machen. Für sie war es eine Ruine.

Aber ich hatte genaue Vorstellungen wie ich es gestalten wollte. Nach und nach machten wir uns an die Arbeit und bauten das Haus um und aus. Zwischendurch musste ich mich natürlich auch um meinen Betrieb kümmern. Eines Tages klingelte es an der Tür und ich war gespannt wer da draußen war. Als ich die Tür öffnete war ich sehr überrascht. Es war Karsten, mein Sohn. Ich freute mich darüber und nach einigen Gesprächen bot er mir sogar an, beim Umbau mit seinen Möglichkeiten ein wenig zu helfen. So kannte er einen Händler, der Schornsteinsteine vertrieb. Wir überlegten wie viel ich brauchte, denn ich wollte ja auch eine Heizung installieren. Er bestellte sie bei seinem Arbeitgeber. Es lief perfekt. Er half mir auch bei anderen Angelegenheiten. Auch in meinem Geschäft begleitete er mich bei der Kontrolle und Leerung der Automaten des Öfteren. Es war ein gutes Gefühl, wenn er dabei war und wir hatten auch viel Spaß. So fuhren wir oft durch den ganzen Kreis Brandenburg und auch bis in das Dorf in dem er wohnte. So kam ich das erste Mal nach über 20 Jahren wieder nach Milow. Bei einem dort ansässigen Getränkehandel stellte ich mit seiner Hilfe auch Automaten auf. Im Rahmen des Umbaus des Hauses war auch irgendwann ein Bad dran. Der derzeitige Zustand war der, das in mitten des Raumes eine alte Badewanne auf 4 Füßen stand, bei der auch teilweise die Beschichtung abgeplatzt war. Zum anderen war in dem Steinfußboden mit einem Hammer eine Rinne geschlagen, die nach draußen führte. Wenn man den Stöpsel aus der Badewanne zog, floss das Wasser wie ein kleiner Fluss aus dem Raum nach draußen auf den Hof. Das musste unbedingt verändert werden. In unserem Dorf kannte ich natürlich noch viele Handwerker, die gut waren. So fragte ich herum und konnte einen gewinnen, der für einen entsprechenden Lohn und nach meinen Vorstellungen mein Bad umbauen sollte. Die Arbeit ging zügig voran. Das Bad wurde mit einer großzügigen Dusche, einer Eckbadewanne und einer Toilette ausgestattet. Auch wurden ein paar Extras wie eine kleine Sichtwand, die oben ein Pflanzgefäß hatte, eingebaut. Die Tür zum Bad wurde mit einer geriffelten Glastür versehen. Das gesamte Bad wurde mit italienischen Fliesen versehen. Nun hatten wir schon ein Wohnzimmer und ein Bad. Unser Schlafzimmer richteten wir uns in der oberen Etage ein. Ich konnte mich in dieser Zeit viel um die Gestaltung des Hauses kümmern, da der Automatenbetrieb gut lief. Eines Tages sagte mir ein Bekannter, der Bürgermeister in unserem Dorf war, das ein Kleinunternehmer, der einen Buchverlag in der ehemaligen Konsum Verkaufsstelle betrieb, in die Räume meiner ehemaligen Gaststätte umzog, weil er sich vergrößern wollte und die Gemeinde die Räume des ehemaligen Konsums wieder vermieten müsse, aber sie wussten nicht an wen. Nach kurzer Überlegung   schlug ich ihm vor dort für den Ort eine Gaststätte zu installieren da der Ort ja keine mehr hatte. Am selben Abend war Gemeindevertreter Sitzung. Er brachte meinen Vorschlag auf die Tagesordnung und ich bekam eine Zusage. Ich musste mich natürlich um alles, wie die Genehmigungen, den Umbau und die Einrichtung allein kümmern. Das war für mich wieder mal eine ziemliche Herausforderung. Aber ich machte mich sofort an die Arbeit. So stellte ich einen Antrag zur Nutzungsänderung beim zuständigen Kreisbauamt. Dieses schloss einen Bauantrag ein, und ich begann mit dem Umbau. Es musste ein Toilettentrakt mit Herren – Damen, und einer Personaltoilette installiert werden. Weiterhin kümmerte ich mich um die Kücheneinrichtung und sorgte für Tische und Stühle. Die Genehmigung zog sich 3 bis 4 Monate hin. Ich wurde fertig bevor die Zusage der Behörden da war. Dann kam der Tag der Eröffnung. Ich bereitete mich richtig vor, bot ein reichliches Sortiment an Speisen und Getränken an und wartete auf die Gäste. Das Angebot wurde sehr gut angenommen und in den nächsten Wochen und Monaten war die Gaststätte immer gut besetzt.

Ich hatte in Frankfurt und in Dinslaken auch viel dazu gelernt und wertvolle Erfahrungen gesammelt. Durch meinen Automatenbetrieb, war ich auch in der Lage 2 Geldspielgeräte, 1 Billard und 1 Dartautomat dort aufzustellen. Die Geschäfte gingen gut und ich war zufrieden. Ich konnte beide Betriebe gut unter einen Hut bringen. Eines Tages war im ehemaligen Obstbau, in der großen Halle eine Einwohner Versammlung anberaumt, in der es um den Bau des Flughafens Berlin — Brandenburg ging. Michelsdorf war als einer der bevorzugten Standorte im Visier der Planer. Auch ich ging dort hin um mich zu informieren. Es wurde viel geredet, aber es kam nichts dabei heraus. Ein Michelsdorfer Gemeindevertreter trat sogar betrunken an das Mikrofon und machte den ganzen Ort lächerlich. Die meisten waren gegen den Bau des Flughafens bei uns. Für mich war das aber ein Moment von dem an ich mich für die Belange des Dorfes interessierte. Ich hatte gemerkt das viele Bürger, die schon in DDR Zeiten die Belange des Dorfes mit kommunistischen Mitteln prägten immer noch auf diesen Posten waren und sich eigentlich nichts geändert hatte. Als ich mich näher mit den Dingen der Kommunalpolitik befasste, merkte ich, dass es bei uns im Ort keine Partei mit dem Namen CDU gab. Ich begann nachzuforschen warum das so war und wie man das ändern konnte. Ich erfuhr, dass in Lehnin so eine Ortsgruppe bestand. Ich nahm Kontakt auf und ging zu deren nächster Versammlung. Dort wurde ich gut aufgenommen und ich wurde überredet mich bei der kommenden Kommunalwahl als Bürgermeister zu bewerben. Außerdem wurde ich Mitglied der CDU. Um an der Wahl als Bewerber teilnehmen zu können, musste ich 50 Stimmen von Bürgern aus Michelsdorf beibringen, weil sich bei uns noch nie ein Bewerber der CDU zur Wahl gestellt hatte. Es waren immer noch die alten Genossen von vor der Wende in der Gemeindevertretung. Das sollte sich bei dieser Kommunalwahl ändern. Ich suchte mir einige Mitstreiter und wir gewannen die Wahl und wurden auf Anhieb größte Fraktion. So wurde ich auch 1993 Bürgermeister in Michelsdorf.

Mit einem Mal war es mir nicht mehr langweilig, denn ich musste mich um meinen Automatenbetrieb kümmern, musste die Gaststätte betreiben und hatte das Bürgermeister Amt. Das war insgesamt sehr viel Arbeit, und dabei bemerkte ich nicht wie die Zeit verging. So kam Karsten, der inzwischen geheiratet hatte vorbei und stellte mir seine Frau vor und auch seine Tochter die sie inzwischen bekommen hatten.

Ich freute mich darüber, aber die Arbeit nahm mich so in Anspruch, dass ich immer wieder abgelenkt wurde. Immer wieder kamen in die Gaststätte auch Bekannte von früher, so auch ein Gas - Wasser Installateur der jetzt auch noch einen Dachdeckerbetrieb hatte. Mit dem führte ich lange Gespräche und wir überlegten, ob wir etwas zusammen machen sollten. Er sagte mir eines Tages, dass eine Villa in Michelsdorf verkauft werden wird, die um 1900 von einem Ziegelei Besitzer gebaut wurde und er fragte mich ob ich mich beteiligen würde. Er sagte er habe auch schon eine Finanzierung ins Auge gefasst. Ich überlegte lange und sagte aber dann zu. Wir sahen uns das Gebäude an und machten Pläne. Wir hatten die Idee daraus eine Pension zu machen, es waren ungefähr 600 m² Wohnfläche. Im Keller sollte eine Gastronomie entstehen. Im Keller waren sehr dicke Wände mit Gewölbe. Mein Partner kümmerte sich um die Finanzierung. Ich hatte nicht so viel Ahnung davon und überließ es ihm, das alles zu organisieren. Dann kam er eines Tages und sagte mir, das die Finanzierung stehe, nur ich müsste mein Grundstück und Haus als Sicherheit zur Verfügung stellen. Finanziell ging es mir inzwischen gut und ich sagte zu. Ich wusste zu diesem Zeitpunkt noch nicht, was mir dieses leichtsinnige Verhalten einbringen sollte. In Berlin machten wir bei einem Notar den Kaufvertrag. Von Stunde an gehörte uns die Villa mit dem dazu gehörigen Grund und Boden. Aber vom diesen Monat an mussten wir auch monatlich 1886 DM bezahlen. Das fiel uns in der ersten Zeit nicht schwer. Zum Anfang machten wir kleinere Reparaturarbeiten, räumten auf und hatten auch bald ein paar Mieter. Erst waren es Bauarbeiter und später auch ein paar Einzelpersonen. Dazu mussten wir aber in Vorleistung gehen, denn die Zimmer und die kleinen Wohnungen mussten ja hergerichtet werden. Mein Partner zog sich langsam aber stetig immer mehr zurück. Sein Betrieb war größer geworden und er hatte immer weniger Zeit. Auch bekam er durch seine vielen Angestellten Probleme finanzieller Art, denn die Arbeiter mussten bezahlt werden. Das Finanzamt wollte Geld von ihm haben und es gab bei ihm immer mehr Kunden, die für die erbrachten Arbeiten nicht bezahlten. Das war für ihn wahrscheinlich wie ein Teufelskreis. Wir versuchten die monatlichen Raten so gut wie möglich zu bezahlen. Immer gelang es uns nicht. Da bekamen wir dann auch die ersten Schwierigkeiten mit der Bank, die uns das finanziert hatte.

Ich bekam schnell mit, dass ich der Dumme bei dieser Angelegenheit war, denn mein privates Grundstück war ja als Sicherheit im Grundbuch eingetragen. Ich fühlte mich ziemlich schlecht dabei und ich bekam Angst vor dem, was sich da andeutete, denn es kamen immer mehr Mahnungen und auch schon Drohungen der Bank. Mein Amt als Bürgermeister lief gut und die erste Wahlperiode ging zu Ende. Ich hatte mich gut eingearbeitet und beschloss mich auch für eine zweite Amtszeit zu bewerben. Als der Zeitpunkt des Wahlkampfs näher kam stellte ich fest, dass die gegen Partei, die SPD, einen gegen Kandidaten aufstellte. Es war eine Frau. Sie war in der Bevölkerung um umstritten, denn man sagte ihr einige Sachen nach, die bei ihr in der Vergangenheit nicht so optimal gelaufen waren. Zu dieser Zeit gab ich monatlich schon eine von mir gefertigte kleine Zeitschrift heraus. Sie hieß "Die Stimme". Diese benutzte ich sehr offensiv für meinen Wahlkampf. Am Ende des Wahlkampfs bekam ich 80% der Stimmen und sie 20%. Das war ein richtiger Triumpf. So gab es immer wieder auch kleinere Erfolge. Karsten kam immer weniger, denn er hatte ja auch jetzt eine Familie und ich hatte sehr wenig Zeit, sodass wir uns aus den Augen verloren hatten. Leider ist mir das nicht aufgefallen, denn ich hatte zu der Zeit Probleme und die finanzielle Situation war auch nicht optimal. In der Gaststätte war das Mittagsgeschäft sehr gut, aber abends kamen immer weniger Leute um Bier zu trinken. Ich saß manchmal mit 2 oder 3 Gästen allein dort. Das war zu wenig.

Irgendwann beschloss ich die Gaststätte zu schließen und mich als Koch bei verschiedenen Unternehmen zu bewerben. Auch der Automatenbetrieb ging nicht mehr so gut. Die Ausgaben waren größer als die Einnahmen. Alles geht einmal zu Ende. Es war eine gute Zeit, denn ich habe mein Haus und das Grundstück in dieser Zeit total umgebaut. Ich konnte beruhigt in die Zukunft schauen. Der Lebensgefährte von meiner Tochter und der Vater meines Enkels war Geschäftsführer im Tennisclub „Rot – Weis" in Berlin im Grunewald. Er bot mir an, dort als Küchenchef tätig zu werden. Ich konnte bei den Gehaltsausichten, die mir angeboten wurden, nicht nein sagen. Das Angebot belief sich auf 3200 € Netto. Der einzige Nachteil, war der, das meine Tochter es nicht wollte, dass ich bei ihm arbeitete, denn sie verstanden sich nicht mehr so gut. Aber ich tat es, denn ich musste ja Geld verdienen. Zum Anfang war alles sehr gut und es machte mir Spaß. Die „German Open" der Damen fanden bei uns statt und ich hatte es hautnah mit den besten Tennisspielerinnen der Welt zu tun. Die Küche war sehr gut eingerichtet und auch die Kollegen waren in Ordnung. Wir hatten sehr viel zu tun. Es wurden von uns nicht nur die Tennisspieler und Spielerrinnen beköstigt sondern auch die Zuschauer. Das waren an manchen Tagen mehrere Tausend. So merkte man überhaupt nicht wie der Sommer verging. Eines Tages kam einer der Besitzer der Gaststätte zu mir und sagte, dass die großen Turniere für dieses Jahr vorbei sind und man Personal abbauen muss. Ich sollte doch verstehen, dass zuerst die mit dem höchsten Gehalt gehen müssten. So war ich wieder arbeitslos. Mein letztes Gehalt musste ich mir einklagen. Die Kosten mit der Villa liefen aber immer weiter. Mein Partner hatte sich total zurückgezogen und ich stand allein mit dem großen Haus und dessen Kosten da. Ich hatte ja mein Eigenheim und Grundstück als Sicherheit für die Villa gegeben und merkte jetzt erst, was ich da für einen Fehler gemacht hatte. Eines Tages kam mein Partner mit einem Bekannten und eröffnete mir, dass der Bekannte die Villa kaufen wollte. Ich besorgte einen Notartermin. Bei diesem Termin bekam ich erst mit, dass der Bekannte kein Geld hatte und auch bei keiner Bank Geld bekam. So brachte er seine Mutter mit und sie trat als Käuferin auf und wurde in das Grundbuch eingetragen. Der Kaufpreis sollte innerhalb von zwei Wochen bezahlt werden. Es kam kein Geld. Der Bekannte, er hieß Sven, wohnte schon dort. Wir einigten uns, dass er solange der Kaufpreis nicht bezahlt ist, die laufenden Raten unserer Finanzierung übernimmt und diese bezahlt. Es ging ein paar Monate gut und dann kamen auch schon die ersten Mahnungen von der Bank. Ich musste mich darum kümmern, denn mein Haus und Grundstück waren ja die Sicherheit gegen über der Bank. Alles ging mit einem mal nicht mehr so gut, denn die Sorgen um mein Haus kamen parallel mit dem Problem, das ich mir wieder Arbeit suchen musste.   Ich habe dann an verschiedenen Objekten gearbeitet.

Zum Beispiel in einem Golfclub als Koch, in einem Tennisclub als Küchenchef und in einem Golfhotel wieder als Koch mit Lehrlingsausbildung. Auch diese Arbeit gefiel mir sehr gut. Bei dieser Arbeit lernte ich einen Gast kennen, der einen Nutzfahrzeughandel besaß. Es war ein sehr angenehmer Gast und immer sehr großzügig. Wir freundeten uns an und ich begann ihm hin und wieder in seinem Geschäft zu helfen. Ich fuhr mit meinem PKW immer die LKW Fahrer zu anderen Orten, von denen sie die LKWs abholen mussten die der Chef gekauft hatte. Irgendwann, ungefähr 2 Jahre später kam die Gaststätte in der ich kochte, in Zahlungsschwierigkeiten und der Chef musste den Großteil des Personals entlassen. Ich fuhr noch einige Monate einmal in der Woche dort hin um mein restliches Geld abzuholen. Ich bekam alles was mir zustand. Das Problem mit der Villa wurde aber auch immer schlimmer. Sven, der dort wohnte, hatte einige Monate nichts an die Bank bezahlt. Es ging soweit, das die Bank nicht nur Mahnungen schrieb, sondern auch die Zwangsversteigerung für mein Wohnhaus beim Gericht eingereicht hatte.

Nun hatte ich ein Problem. Ich versuchte alles um das abzuwehren. Zufällig wollte die Kreisverwaltung das Nachbar Grundstück an eine kirchliche Einrichtung verkaufen, machte aber den Kauf davon abhängig, dass sie unser Grundstück gleichzeitig mit erwerben können. Die Kreisverwaltung kontaktierte mich. Daraufhin setzte ich mich mit Sven auseinander und sagte ihm noch einmal wie die Situation ist. Daraufhin schwor er mir Stein und Bein, das er die Rückstände bezahlt und es alles besser wird. Ich glaubte ihm. Es war schon immer so, dass ich mich an Versprechen gehalten habe, die ich einmal gegeben hatte. Wieder ging es eine Weile gut und die Zwangsversteigerung wurde abgewendet.

Da die Situation sich wieder normalisierte dachte ich wieder daran, was sich bei mir beruflich entwickeln könnte. Der Chef des Automobilhandels stellte mich fest an. Dadurch, und durch die vielen Stunden die ich für ihn unterwegs war, besserte sich auch unsere finanzielle Situation. Ich fuhr durch ganz Deutschland um Autos zu kaufen und auch wieder zu verkaufen. Viele Autos verkaufte ich auch von zu Hause aus im Internet. Es war sehr erfolgreich. Inzwischen war auch meine Schwiegermutter zu uns gezogen. Sie wohnte in dem kleinem Haus auf der Rückseite unseres Grundstückes. Sie half viel im Garten und überall wo sie konnte. Zu diesem Zeitpunkt war sie auch schon etwas über 80 Jahre alt.

Brigitte und ich sprachen oft über die Angelegenheit, wenn ihr einmal etwas passieren sollte. Wir kamen überein, dass wenn einmal das Schlimmste passieren sollte, wir das hintere Haus erweitern wollten um selbst dort einzuziehen. Unser Haus vorn würden wir vermieten, um unseren Lebensabend sicherer zu machen. Aber daran war eigentlich noch lange nicht zu denken. Es waren nur Gedanken, die sich jeder macht wenn er an seine Zukunft denkt. In dem Betrieb, in dem ich Autos verkaufte, wurde ich auch immer mehr zu Arbeiten im Büro heran gezogen, da ich mich mit Computern und den Abläufen im Büro gut auskannte. So saß ich immer mehr im Büro als im Auto und auch das war mir sehr angenehm.

Im Jahr 2004, ich war mit dem Auto unterwegs, rief mich meine Frau Brigitte an und sagte mir dass ihre Mutter umgefallen sei und in Ihrer Küche lag. Sie war nicht ansprechbar. Ich wendete sofort das Auto und fuhr zurück nach Hause. Dort angekommen, erfuhr ich dass meine Schwiegermutter in ein Krankenhaus nach Brandenburg eingeliefert war. Wir machten uns sofort auf den Weg ins Krankenhaus um nach ihr zu sehen. Dort teilte man uns mit, dass es keine Hoffnung mehr gebe. Es waren schreckliche Tage, bis die Nachricht kam, dass sie verstorben war. Wir mussten all ihre Angelegenheiten regeln und auch die Beerdigung organisieren. Alle waren sehr traurig. Aber wir wussten auch, dass das Leben weiter gehen musste. Nun kam auch die Zeit in der wir unsere Gedanken mit dem Ausbau des hinteren Hauses weiter führen mussten und wir machten Pläne dafür. Als Erstes kauften wir ein Stück Land hinter dem Haus dazu. Das war nötig um die richtige Baufreiheit zu haben. Niemand dachte daran ein Projekt zu erstellen und einen Bauantrag einzureichen. Ich beauftragte einen Bekannten Bauunternehmer mit der Herstellung einer Grundplatte für die Erweiterung. Er tat es, aber die Zeit verging wie im Fluge. In diesem Jahr wurde ich 60 Jahre alt. Ich war immer noch Bürgermeister und hatte dadurch auch viele Gäste zu erwarten. Darunter war viel Prominenz aus Politik und Wirtschaft.

Auch von unserer Familie kamen sehr viele, wie meine beiden Brüder, deren Kinder und auch meine Tochter mit ihrem Sohn Lois. Organisiert habe ich das alles allein. So habe ich unser Gemeindezentrum gemietet, einen DJ organisiert, die Kuchen und Torten selbst gebacken und auch das Büfett selbst hergestellt.

Es war ein wunderschöner Tag und es gelang alles wie ich es geplant hatte. Da mein Bruder Bernd auch da war, hatte ich vorgesorgt und schon Steine für einen Anbau an dem hinteren Haus gekauft. Die Bodenplatte und das Fundament waren schon fertig. Bernd setzte mir die ersten Ecken so dass ich später weiter mauern konnte.

Das tat ich auch, nachdem der Tag vorbei war und alle wieder abgereist waren. Die Arbeiten gingen schnell voran und innerhalb kurzer Zeit waren die Außenmauern hochgezogen. Nun kauften wir Fenster und Türen und bauten diese auch gleich ein. Ein Elektromeister installierte nach unseren Vorstellungen die Elektrik. Danach besorgte ich das Holz für die Dachkonstruktion und das Dach wurde aufgesetzt. Eines Tages klingelte es bei uns. Als ich die Tür aufmachte stand ein Mann draußen und wies sich als Mitarbeiter des Kreisbauamtes aus. Er wollte alles was wir gebaut hatten fotografieren und teilte uns mit, dass beim Kreisbauamt eine anonyme Anzeige eingegangen war, weil wir keinen Bauantrag eingerichtet hatten. Ein langwieriger Kampf um eine nachträgliche Baugenehmigung begann. Das ging soweit, dass mir vom Bauamt untersagt wurde weiter zu bauen und mir wurde sogar eine Abrissverfügung zugestellt. Der ganze Prozess zog sich fast 2 Jahre hin. Am Ende bekam ich die nachträgliche Baugenehmigung und war sehr froh darüber. In der gleichen Zeit kamen auch wieder Probleme bei der Ratenzahlung für die Villa auf. Die Rückstände waren so groß, das die Bank die Zwangsversteigerung für unser Grundstück eingereicht hatte. Ich war sehr verzweifelt, denn das neue Haus mit dem Anbau wurde mit dem alten Haus bautechnisch zusammengelegt und gehörte somit zur Zwangsversteigerung dazu. An dem Tag, an dem der Ingenieur kam um unser Grundstück für die Versteigerung zu schätzen, rief ich meinen Bruder Gerd in Frankfurt an und wir kamen zu einer Lösung. Er bot mir an unser Grundstück zu kaufen, dazu einen Kredit aufzunehmen und so das Geld zu beschaffen um die Finanzierung bei der Bank ab zu lösen. Wir vereinbarten, dass ich alle Kosten übernehme und auch für die Finanzierung und die Zahlung der Raten zuständig sei. Damit war die Zwangsversteigerung abgewendet und es konnte weiter gehen. Ich verständigte mich noch einmal mit dem Bewohner der Villa und er versprach, diesmal pünktlich alle Raten zu zahlen. Um keine Probleme mehr zu haben, habe ich selbst alle Raten gezahlt, auch wenn das Geld von ihm noch nicht da war. Das ging ein paar Jahre gut und ich dachte es wäre geschafft. Nach und nach kam das Geld für die Raten aber immer etwas später und irgendwann lief ich dem Geld wieder hinterher. Da merkte ich dass sich nie etwas ändern sollte, aber da ich die Raten selbst bezahlte konnte es nicht wieder so schlimm werden wie 2006. Die Zeit verging immer schneller und die Jahre verflogen wie im Zug. 2008 waren wieder Kommunalwahlen. Ich wurde stellvertretender Ortsvorsteher und ich hatte die zweitmeisten Stimmen erreicht. Unsere Gemeinde hatte sich mit 13 anderen Gemeinden zu einer Großgemeinde zusammen geschlossen. Somit gab es gemäß der Kommunalverfassung keine eigenen Bürgermeister in den einzelnen Gemeinden, sondern jeweils drei Ortsbeiräte, die aus ihrer Mitte den Ortsvorsteher wählten. Die Versammlung dazu leitete ich, da ich zu diesem Zeitpunkt noch der Ortsvorsteher war und somit das Vorschlagsrecht für die Wahl des neuen Ortsvorstehers hatte. Ich schlug den Kollegen mit den meisten Stimmen vor. Der wurde dann auch mit 2 zu einer Stimme gewählt und ich wurde sein Stellvertreter. In zwischen war auch der Zeitpunkt erreicht, in dem ich Rente bekam. Dadurch, dass ich viele Jahre selbständig war, bekam ich natürlich nur eine sehr kleine Rente, denn als Gastronom musste man nicht in die Rentenkasse einzahlen, was ich auch nicht tat, denn das Einkommen war auch nicht so groß. Aber das spielte nicht so eine große Rolle, denn ich bekam ja noch die Opferrente vom Staat für meine Inhaftierung in der DDR wegen der versuchten Republikflucht da ich ja auch rehabilitiert worden bin. Außerdem sind wir inzwischen in das hintere Haus gezogen und haben unser Wohnhaus vorn an der Straße vermietet. Wir haben keine große, sondern nur eine kleine Miete vereinbart. Das reichte aber aus. Seit einiger Zeit war ich Vorsitzender unseres Feuerwehrvereins und wir mussten unser Vereinsheim verlassen, da die Gemeinde dieses Haus verkaufen wollte. Mit der Verwaltung der Gemeinde handelten wir einen Vertrag über die Räume meiner ehemaligen Gaststätte aus, die in diesem Zusammenhang umgebaut und renoviert werden sollte. Wir als Verein haben weit über 1000 Stunden dabei abgeleistet. Nur die wichtigen Arbeiten, wie Elektro - und Wasserarbeiten wurden von Fachfirmen ausgeführt. Wir haben dadurch einen guten Vertrag für die Nutzung erreicht. In diesen Räumen feierte ich im Jahr 2014 meinen 70. Geburtstag. Dieser Geburtstag sollte für mich ein ganz Besonderer werden. Es wurden von der Verwandtschaft viele eingeladen und die meisten haben auch zugesagt. So zum Beispiel meine Tochter Jacqueline. Von ihr erfuhr ich, dass sie direkt danach mit ihren Kindern Tom und Lois nach Frankreich zu einem Familientreffen von Lois Vater fliegen wollte. Ich habe mit ihr im Vorfeld ausgemacht, das ich ihr meine Papiere von meinem Vater mitgeben werde und sie vieleicht einige Nachforschungen organisieren könnte. Der ganze Geburtstag verlief in einer gemütlichen, guten Stimmung. Wir hatten alle viel Spaß. Zwei Wochen nach dieser Feier schickte mir mein Enkel Lois über WhatsApp eine Nachricht, dass sie wirklich Nachforschungen über meinen Vater angestellt hatten und auch Erfolg verzeichnen konnten. Er berichtete, das sich der väterliche Freund und Viermieter von Jacqueline, er ist Engländer und war auch mit auf dieser Reise sich mit einem französischen Polizisten zusammen getan hatte und sich in den Nachforschungen erfolgreich betätigt hatten. Lois schieb mir, dass sie das Grab meines Vaters in einem Vorort von Paris gefunden hatten und auch Bilder gemacht hatten. Ich war sehr aufgeregt und rief Lois sofort an und bat ihn, mir doch die Bilder zu schicken. Er tat es auch sofort. Auch der französische Polizist, der Philippe heißt, meldete sich per E-Mail bei mir und es gab weitere Informationen. Damit fing für mich wieder einmal ein neuer Lebensabschnitt an. Ich war sehr aufgeregt. Ich erfuhr, dass ich noch 2 Schwestern und einen Bruder hatte. Ich wollte auch zeitnah einen Kontakt herstellen. Er gab mir die Adresse von meiner Schwester in Südfrankreich in Sorede. Ich schrieb dort hin in der Hoffnung, Antwort zu bekommen. Mein Schreiben lautete folgendermaßen:

Hallo Brigitte
 Nach so vielen Jahren, ist es mir gelungen, Euch zu finden. Ich bin sehr glücklich darüber und ich möchte alles über Dich, Deine Familie und auch über Deine Schwester wissen, denn ich weiß, Ihr seid auch meine Familie. Es sind   jetzt 58 Jahre, dass ich meinen Vater suche. Solange die DDR bestand hatte ich gar keine Change. Danach habe ich sehr viel gearbeitet. Jetzt bin Ich Rentner und in diesem Jahr ist meine Tochter Jacqueline zu Besuch nach Frankreich geflogen. Ich habe ihr die Papiere meiner Geburt mit gegeben und sie gebeten nach zu forschen. So kam der Kontakt zu Philippe zu Stande. Philippe hat mir alles berichtet, was er inzwischen erreicht hat. Ich war sehr überrascht und bin ihm auch sehr dankbar. Ihr könnt mich fragen was ihr wollt, ich werde alles beantworten, denn ich möcht den Kontakt. Ein Freund von Philippe, und meiner Tochter, der mit meiner Tochter in Frankreich war, er ist Engländer und heißt John hat sich auch mit meiner Angelegenheit beschäftigt. Er hat mir 2 Bilder von dem Grab in LAGNY SUR MARNE geschickt. Ich war sehr überrascht wie sauber und gepflegt das Grab nach so vielen Jahren ist.
Ich werde diesen, Brief mit der Post schicken, denn ich habe von Philippe Deine E-Mail Adresse bekommen . Ich schicke Dir meine E-Mail Adresse mit.: Michelsdorf@online.de.   Übersetzen werde ich das

Schreiben mit einem Übersetzer von Google, der in der Menüleiste vom Internet Explorer ist. Ich habe dem Philippe sehr viel über mich mitgeteilt, damit er Dir davon berichten kann. So, jetzt erst einmal liebe Grüße, Dein Bruder
Heinzpeter Kemnitz
PS. übrigens alle nennen mich Peter
Ich wartete gespannt auf eine Antwort. Die lies auch nicht lange auf sich warten und lautete folgendermaßen:

Bonjour Peter,
Je vous aie écrit une petite lettre explicative en pièce jointe, ainsi que 3 photos de papa, et une petite photo de moi mème,
Nous partons pour quelques jours de vacances du 4 octobre retour 13 octobre 2014
bonne réception
à bientôt de vous relire
Brigitte
PS: j'ai pas trouvé le traducteur de google

Luc et Brigitte Reiner
chambres d'hotes
gîtes d'été
la Picholine
41 route d'Argelès sur mer
66690 Sorède
maison: 04 68 21 30 41
mobile: 06 16 41 94 29
luc.reiner@wanadoo.fr

Hallo Peter,
Ich schrieb Ihnen einen kurzen Brief der Erklärung angebracht ist, und 3 Fotos von Vater, und ein kleines Bild von mir meme,
Wir verlassen für einen kurzen Urlaub zurück am 4. Oktober 13. Oktober 2014

guten Empfang

bald wieder zu lesen

Brigitte

Und dann nach dem 13. Oktober 2014:
Luc und Brigitte Reiner

Übernachtung mit Frühstück

Sommerquartiere

picholine

41 Straßen Argelès sur mer

66690 SOREDE

Haus: 04 68 21 30 41

Mobiltelefon: 06 16 41 94 29

luc.reiner@wanadoo.fr

Hallo Peter,
Was für ein Nervenkitzel, was für eine Überraschung, nach so vielen Jahren erfahren, dass ein Bruder war schon lange vor den drei von uns geboren.
Ich freue mich, für Sie zu wissen, dass es erfüllt dich mit Glück, das wir gefunden haben, bin ich auch nicht unglücklich mit dieser Situation, einen Bruder zu finden,   Leider Dad verstarb im Alter von 62 Jahren an Krebs, und ich war erst 27 Jahre alt zu der Zeit und Papa nie deine Geburt offenbart wird,
Mein älterer Bruder Jean-Luc starben 10 Jahren und wie er glücklich gewesen, Sie wissen, ich glaube, er war unsere Familie forschen, aber für ihn war es nur ein Hobby, John Luke würde 67 Jahre alt 2. Januar 2015 gewesen sein, hatte er drei Kinder, um dann eine erste Ehe Franck Nadège und Nicolas, der sogar ein Kind hatte.
Meine Schwester Nicolle bei 65 und lebt nicht weit von meinem Haus in der Stadt Sète, aber ich keinen Kontakt mit ihr haben, wir sind kalt, sie hatte auch zwei Kinder mit Arnaud und Julie jünger.
In meinem Fall habe ich noch nicht die Gelegenheit hatte, sind wir mit meinem Mann Luke Reiner ein kinderloses Paar, wir leben in einem schönen Dorf am Fuße des kleinen Bergen und nicht weit vom Mittelmeer entfernt.
Ich wünschte, ich könnte Ihnen mehr über meinen Vater sagen, aber ich weiß nicht, wo ich anfangen soll, war er oft schweigsam und launisch, aber er liebte es, Partei gab es Menschen zu Hause.
Wie lustig, viele Erinnerungen in den Sinn kommen !!
Ich schicke Ihnen einige Bilder von Papa Ich hoffe, Sie werden zufrieden sein!

Bald wieder zu lesen
Gruß deine Schwester Brigitte

Mein Vater

Es kann sich niemand vorstellen, was für eine Freude das für mich war. Es war das Schönste der letzten 50 Jahre für mich. Es wurde mir langsam bewusst, dass ich nicht nur meinen Vater nach so vielen Jahren gefunden hatte, auch wenn er schon tot war, ich aber in Frankreich eine neue Familie hatte. Brigitte gab mir auch die Adresse von Nicolle. Sie schrieb mir aber, dass sich Nicolle nicht melden würde und dass dies ihr Naturell ist. Ich versuchte es trotzdem und schrieb an Nicolle folgenden Brief.

Hallo Frau Nicolle Robin Cretien

Sie werden sich wundern, dass ich Ihnen schreibe, aber es gibt einen Grund dafür.

Mein Name ist Heinzpeter Kemnitz, ich wohne in der Nähe von Berlin. Seit 58 Jahren ich war damals 12 Jahre alt, suchte ich meinen Vater. Er war während des Krieges Fremdarbeiter in Deutschland. Jetzt endlich nach so vielen Jahren hat meine Tochter das Grab des Vaters bei Paris gefunden. Wir haben weiter geforscht und haben Kontakt mit Brigitte Reiner bekommen. Es hat sich heraus gestellt, dass sie meine Schwester ist und hat mir von Euch berichtet. Ich habe sie nach Eurer Adresse gefragt und sie hat sie mir gegeben.

Ich bin am 01. August 1944 geboren, da war der Vater im Gemeinschaftslager Rathenow. Das ist in der Nähe von Brandenburg / Havel. Der Brief ist in Deutsch aber ich übersetze ihn mit einem Übersetzung Tool von Google. Das mache ich bei Brigitte und Luc auch.

In den Brief lege ich noch ein paar Kopien von meinen Papieren bei, damit Ihr seht dass es wahr ist.

So ich will das erst einmal dabei belassen und hoffe das Ihr mir antwortet und wir in Kontakt kommen, denn ich möchte so viel wie möglich über unseren Vater und auch über Euch wissen.

Viele Grüße
Peter

Brigitte hatte recht. Ich bekam nie eine Antwort.

Der Kontakt mit Brigitte wurde immer intensiver und sehr gut. Nach einiger Zeit fragte sie mich, ob ich sie besuchen möchte und nach Südfrankreich kommen wolle. Wir verabredeten uns dem entsprechend und ich suchte mir im Internet eine Verbindung. Das Günstigste war ein Flug von Berlin nach Barcelona, und dann mit dem Zug nach Perpignan. Dort wollten mich Brigitte und Luc vom Bahnhof abholen. So verabredeten wir das dann auch. Brigitte teilte mir noch mit, dass sie mich mit Luc in Perpignan vom Bahnhof abholen wird.

Ich wartete mit Ungeduld auf den Tag meiner Reise. Dann war es soweit. Ein Nachbar fuhr mich zum Flughafen Berlin - Tegel, dort traf ich Jacqueline und sie verbrachte mit mir zusammen die Zeit, bis ich ins Flugzeug steigen musste. Dann ging es los. Der Flug nach Barcelona verging sehr schnell. Dort angekommen fuhr ich zum Bahnhof Barcelona Sants. Am Bahnhof in Barcelona musste ich circa 3 Stunden warten bis der Zug nach Perpignan kam. Ich hatte dadurch Zeit, mich im Bahnhof umzusehen und bekam dadurch auch heraus wo ich einsteigen musste. Die Zeit verging sehr schnell, auch die Fahrt bis Perpignan. Dadurch bemerkte ich überhaupt nicht, dass der Zug eine Stunde Verspätung hatte. In Perpignan angekommen, stieg ich aus und suchte meine Schwester und meinen Schwager. Beim ersten Durchgehen am Bahnhof sah ich keinen. Ich ging zurück auf den Bahnsteig und dann wieder durch die Bahnhofshalle. Dann sah ich die Beiden.

Ich kann meine Gefühle in diesem Moment gar nicht beschreiben. Mir schoss das Blut in den Kopf und ich wurde in diesem Augenblick unsicher, aber die Glücksmomente behielten die Oberhand. Ich bemerkte, dass bei meiner Schwester und meinem Schwager etwas Ähnliches geschah. In diesem Moment spielte es keine Rolle, das ich nicht französisch und meine Schwester nicht deutsch sprechen konnten. Wir verstanden uns. Sie teilten mir mit, das ihr Auto in der Tiefgarage sei und wir gingen dort hin, stiegen ein, und fuhren nach Sorede zu ihrem Haus. Dort angekommen begrüßten uns ihre beiden Hunde, Jumbe und Februar. Ich hatte ein paar Leckerlis dabei und sofort war der Kontakt hergestellt. Ich merkte aber auch, dass es meiner Schwester nicht recht war die Hunde so zu verwöhnen. Ich glaubte, sie hatte die Hunde sehr lieb, aber war für eine gute Ernährung und dazu gehörten, glaube ich, nicht so viel Leckerlis. Brigitte zeigte mir ihre Wohnung und das Haus. Ich war vom ersten Moment an sehr überrascht, denn vieles kam mir bekannt vor, obwohl ich das Alles zum Ersten mal sah. Es gab viele Ähnlichkeiten mit unserem zu Hause in Michelsdorf. So waren die Zimmer ähnlich angeordnet, die gleichen Fliesen in der ganzen Wohnung und es waren auch auf der Terrasse die gleichen Doppelkammer Stegplatten verarbeitet wie bei uns. Ich hatte den Eindruck, wir hatten in vielen Sachen, den gleichen Geschmack. Es war für mich wie ein Wunder. Wir wohnten 1700 Km entfernt und es gab so viele Gemeinsamkeiten. Wir versuchten mit meinem Übersetzungsprogramm von Google uns mit meinem Telefon zu verständigen, aber das klappte nicht richtig. Ich bemerkte bald, dass es daran lag, dass sich das Telefon nicht in das Internet einwählen konnte, da ich keinen Zugang in ihr Netzwerk bekam. Die Verständigung klappte aber auch so, und es war manchmal ziemlich lustig. Die Beiden zeigten mir das Zimmer in dem ich schlafen sollte. Es war mit einem Doppelbett, einem Fernseher, einer Duschkabine und weiteren Möbeln ausgestattet. Ich ging dann auch nach kurzer Zeit schlafen. In der Nacht wachte ich irgendwann auf und bemerkte, dass es sehr stark regnete und etwas an der Tür war. Ich stand auf und sah Luc, wie er versuchte in das Zimmer zu kommen. Ich half ihm von innen dabei. Er erklärte mir das durch das Unwetter irgendetwas mit dem Strom war und er das in Ordnung bringen wollte. Das klappte dann auch sehr schnell und die weitere Nacht verlief dann ohne weitere Zwischenfälle.

Als ich am nächsten Tag aufstand, sagte Brigitte „Bonjour" zu mir und schon diese Begrüßung erfüllte mich mit einem Glücksgefühl, denn ich empfand dabei die Zuneigung, die sie mir entgegen brachte. Luc war schon zur Arbeit gegangen und Brigitte hatte den Tag schon ganz verplant. Ich frühstückte und danach gingen wir mit den Hunden auf die Straße und sie zeigte mir die Umgebung. Es waren für mich sehr viele neue Eindrücke. In den Gärten waren Palmen und Blumen, die auch bei uns wuchsen, aber drei Mal so groß.

Dann lud sie mich in das Auto ein und wir fuhren nach Saint Andre, das war ein Dorf weiter, zu ihrer Freundin Lydia, mit der sie schon als Kind befreundet war. Lydia und ihr Mann waren auch sehr freundlich und ich bekam den Eindruck, das alle Menschen dort eine Mentalität hatten die immer nur Freundlichkeit ausstrahlte. Am Nachmittag des ersten Tages nahm sie mich mit zu ihrer Tanzgruppe. Dort wurde für einen Auftritt beim Bürgermeister geprobt. Das Geld, das sie dafür bekamen, war für bedürftige Kinder vorgesehen. Alle Tänzer waren sehr nett und es war ein schöner Nachmittag. Die Tage in Sorede vergingen wie im Fluge und ich bekam viele gute Eindrücke. So fuhren wir an einem Abend in eine Stadt, den Namen weiß ich nicht mehr aber es war direkt am Mittelmeer, dort war es sehr windig, aber für mich auch ein toller Eindruck.

Auf dem Rückweg hielten wir an einer Verkaufsstelle an in der Fischprodukte verkauft wurden. Ich bemerkte dass Brigitte, vor allem für mich, Austern kaufen wollte. Es war mir peinlich, aber ich musste ihr irgendwie mitteilen, dass ich keine Austern esse. Ich habe in meiner Zeit in Frankfurt tausende dieser Meeresfrüchte geöffnet und dabei immer eine Abneigung dazu entwickelt. Sie war wohl ein bisschen enttäuscht, aber ich wollte vermeiden, dass sie dafür Geld ausgab und ich das hinterher nicht essen konnte. Am Tag darauf fuhren wir nach Spanien in eine sehr schöne Landgaststätte zum Essen. Luc und Brigitte haben Fisch gegessen, ich habe mir aus der Speisekarte ein Gericht mit Kaninchen ausgesucht. Das amüsierte die beiden sehr. Auf dem Rückweg hielten wir an der spanischen Grenze an. Dort waren viele Geschäfte wie bei uns an der polnischen Grenze und wir kauften ein paar Kleinigkeiten. Auch kaufte ich auf einem Bahnhof eine Zugkarte für meine Heimreise. Es war in Girona. Bis dort wollte mich Luc mit dem Auto bringen um leichter bis Barcelona zu kommen. Der Tag der Abreise kam dann sehr schnell. Am Tag davor, ich half Brigitte beim Kochen, und abends kam ihre Freundin Lydia überraschend vorbei um sich zu verabschieden. Ich hatte gerade Zwiebeln angeschwitzt und es roch sehr stark danach. Lydia roch es sofort und ging von der Haustür direkt bis zum Herd. Ich bemerkte, dass es für sie angenehm roch. So vergingen die Tage in Sorede wie im Flug und der Tag meiner Abreise war da. An dem Tag fuhr mich Luc, Brigitte war auch dabei nach Girona, wo ich auf den Zug warten musste. Ich habe für uns in dem Restaurant des Bahnhofs noch 3 Kaffee bestellt. Als der Kaffee kam, war ich doch ein wenig verwundert, denn es waren 3 Tassen Espresso. Ich wusste nicht, dass es in Spanien so üblich ist. Beim Abschied war ich dann sehr traurig, denn es war mir klar, dass es für eine längere Zeit war. Mir wurde aber bewusst, dass es eine sehr schöne Zeit war und mir wurde auch klar, wenn ich das alles gewusst hätte wie es dort ist und das es dort so liebe Menschen gibt, ich bei meiner Ausreise aus der DDR nicht nach Frankfurt gegangen, wäre, sondern wie mir der französische Konsul geraten hatte, nach Frankreich ausgereist wäre. Nach Südfrankreich. Von Girona fuhr ich mit dem Zug zum Bahnhof Barcelona Sants und von dort zum Flughafen Barcelona. Lange dauerte es nicht bis mein Flieger ging und auch der Flug selber war kurzweilig. In Berlin Tegel angekommen, sah ich auch gleich meinen Nachbar, der mich wie vereinbart, mit seinem Auto abholte. Es dauerte ungefähr eine Stunde und ich war wieder zu Hause. Meine Frau Brigitte und auch mein Hund Blacki freuten sich, das ich wieder da war. Die Tage vergingen und bald holten mich die Sorgen mit der Villa wieder ein. Die Raten für die Finanzierung ließen wieder auf sich warten. Es wurde immer schlimmer, aber ich bezahlte sie von meiner kleinen Rente, denn ich wollte keine

Rückstände bei der Bank aufkommen lassen. Die Situation war so, dass ich 540 € Rente bekam und 450 € für die Villa bezahlen musste. Es war schwer, aber irgendwie gelang es immer. Der Kontakt mit meiner Schwester nach Sorede ging wieder per E-Mail und wir tauschten Bilder und Eindrücke aus. Jetzt war alles, was ich erlebt hatte, Erinnerung. Aber vor meiner Abreise aus Sorede hatte ich mit meiner Schwester vereinbart, dass sie und Luc im nächsten Jahr zu uns kommen würden. So kam dann auch im Winter der furchtbare Absturz des Flugzeugs in den Alpen. Der Pilot hatte die Maschine absichtlich gegen einen Berg gesteuert und alle Passagiere waren tot. Das hatte zur Folge, das Brigitte und Luc beschlossen, nicht zu uns zu fliegen, sondern mit ihrem neuen Wohnmobil zu kommen. Aber das dauerte ja noch ungefähr ein dreiviertel Jahr. Ich freute mich schon darauf und zählte manchmal die Tage. In der Zwischenzeit gab es aber auch zu Hause, wie immer, viel Arbeit, wie das so ist, wenn man ein großes Grundstück hat.

Bei vielen Vorhaben, auf unserem Grundstück, half mir Bernd, mein jüngster Bruder, er war ein sehr guter Handwerker. Es gibt immer etwas zu tun und zu verbessern. Was ich nicht konnte, konnte Bernd. Ich wollte nie, dass er umsonst arbeitete. Ich bezahlte ihn immer großzügig und gab ihm auch immer Fahrgeld für sein Auto, denn es waren immer 500 Km hin und genauso viel zurück. Voller Ungeduld erwartete ich wie die Zeit verging und es September werden sollte. Zu diesem Zeitpunkt wollten uns Brigitte und Luc besuchen und die Vorfreude war groß. Als es dann soweit war, verabredeten wir uns so, dass ich sie an der Autobahn treffen sollte und zu uns nach Hause lotsen sollte. Das tat ich dann auch und mit einigen Schwierigkeiten klappte es dann auch. Die Tage, an denen sie bei uns waren, gingen viel zu schnell vorbei. Wir unternahmen einige Sachen, so fuhren wir an einem Tag nach Brandenburg. Ich zeigte meiner Schwester, wo ich aufgewachsen bin und auch das Haus in dem unser Vater mit meiner Mutter glücklich war. An einem anderen Tag machten wir eine Radtour in die Umgebung und am nächsten fuhren Brigitte, Luc und ich nach Berlin zu Jacqueline, die sich auch sehr freute, ihre Tante kennen zu lernen.

 Leider kam auch viel zu schnell wiederTag des Abschieds und Brigitte und Luc machten sich in ihrem Wohnmobil wieder auf den Weg nach Frankreich. Ich war wieder sehr traurig.   Als Bernd wieder einmal bei uns war verabredeten wir, dass auch wir ihn in Duisburg besuchen und das wurde dann auch zeitnah realisiert. Brigitte, ich und unser Hund Blacki setzten uns ins Auto und machten uns auf den Weg. Wir kamen dort gut an. Bernd und seine Frau Carmen freuten sich, dass wir wieder einmal bei ihnen waren. Wir verlebten ein paar schöne Tage. Ich sprach mit Bernd über meine weiteren Vorhaben auf unserem Grundstück und wir machten auch weitere Zusammenkünfte bei uns aus. Nach vier Tagen machten wir uns wieder auf den Weg nach Hause. Zu diesem Zeitpunkt ahnten wir noch nicht, dass es ein Abschied für immer sein sollte.   Als wir wieder zu Hause waren, es vergingen ungefähr 4 Wochen, rief Bernd mich an, und teilte mir mit, dass Carmen zum Arzt musste und ihr dort eine schreckliche Diagnose gestellt wurde. Der Doktor hatte ihr mitgeteilt dass sie Krebs hatte. Wir waren sehr geschockt. Es war Bauchspeicheldrüsen Krebs, also sehr böse. Ich hatte regelmäßig Angst wenn das Telefon klingelte und Bernd am Telefon war, denn die Nachrichten wurden immer schlimmer. Das zog sich bis zum Ende des Jahres 2015 hin und es gab trotz der Therapien und Bestrahlug immer schlimmere Nachrichten. Bernd konnte zu diesem Zeitpunkt natürlich nicht mehr zu uns kommen. Er tat mir leid. Dann kam

im März 2016 die Nachricht, dass es keine Hoffnung mehr gibt und am 30.03.2016 verstarb meine Schwägerin Carmen. Ich machte mich auf den Weg nach Dinslaken um ihr die letzte Ehre zu erweisen. Ich hatte drei Tage für den Aufenthalt eingeplant, aber wie immer ging nicht alles nach Plan. Ich fuhr vorsichtig, aber auch zügig mit meinem Auto. Den Weg kannte ich ja, denn den bin ich schon viele Male gefahren. In Dinslaken verließ ich die Autobahn und ich hatte noch circa 7 Kilometer vor mir, als ich unter einer Brücke, die Sonne blendete mich,
 auf drei Fahrzeuge auffuhr und dabei mein Auto zerstörte.
Ich musste es abschleppen   und später nach Hause überführen lassen. Die Beerdigung war sehr traurig und alle, die dabei anwesend waren, versuchten meinen Bruder Trost zu zusprechen. Vier Tage später fuhr mich Bernd wieder nach Hause, denn ich hatte ja kein Auto mehr. Er blieb zwei Tage. Jetzt begann die Suche nach einem neuen Auto. Im Internet entdeckte ich einen Renault Clio, der mir auf Anhieb gefiel. Er war nicht so teuer, hatte eine für diese Klasse eine sehr gute Ausstattung und auch die Farbe gefiel mir sehr gut. Ich fuhr nach Berlin und kaufte das Auto. Auch musste ich die ganze finanzielle Situation mit dem Unfall regeln. Das heißt, das Auto bezahlen, den Unfall abwickeln und dafür bei der Staatsanwaltschaft Duisburg 250 € bezahlen, damit war dann der Vorwurf der fahrlässigen Körperverletzung vom Tisch. Nach dieser ganzen Aufregung kehrte wieder der Alltag in mein Leben ein. Dazu gehörte auch das ich den Verkauf der Villa voran treiben musste, denn die Schulden, die der derzeitige Bewohner bei mir hatte, beliefen sich inzwischen auf 9000 €. So habe ich eine Anzeige im Internet geschaltet um die Villa zu verkaufen. Nach zwei Wochen hatte ich den ersten ernsthaften Bewerber, der mir zusagte, dass er das Geld habe und das Grundstück kaufen wolle. Ich hatte mich darauf verlassen. Zwischenzeitlich schlug mir meine Tochter Jacqueline vor, einen Trip nach Paris zu machen, um das Grab meines Vaters zu besuchen und um sein Lebensumfeld zu erfahren. Sie wollte das alles organisieren. Wir redeten viel miteinander und sie organisierte den Flug und ihr väterlicher Freund und Vermieter John, der auch schon vorher das Grab meines Vaters gefunden hatte, kümmerte sich um eine Unterkunft. Es war ein kleines Hotel, direkt in der Pariser Innenstatt. Er selbst hatte sich vor einiger Zeit dort in der Nähe eine kleine Wohnung gekauft, die aber nicht für uns alle als Unterkunft geeignet war, denn wir waren 5 Personen und zwar John, Jacqueline, ihr Freund, mein Enkel Tom und ich. Von dem Vorhaben schrieb ich auch meiner

Schwester in Sorede. Sie bat mich, einige Fotos von dem ganzen Unternehmen zu machen. Außerdem gab sie mir die Adresse von der Wohnung in der sie aufgewachsen war und mit meinem Vater gewohnt hatte.

Das interessierte mich natürlich auch und ich versprach, auch dorthin zu fahren. Zwischenzeitlich sagte der Interessent für die Villa wieder ab, denn er hatte zwar das Geld dafür, aber er hatte Angst, nicht nachweisen zu können, woher er das hatte. Ich habe daraufhin sofort eine neue Anzeige geschaltet und es dauerte wieder nur 2 Wochen, bis es einen neuen Bewerber gab. Wir wurden uns sehr schnell einig und ich hatte diesmal ein gutes Gefühl. In Paris haben wir, dank John, sehr viel gesehen, denn er kannte sich dort aus und war für uns wie ein Führer. Wir fuhren zuerst zu dem Friedhof nach Lagny und fanden sofort das

Grab meines Vaters. Es war alles sauber und ordentlich dort. Anschließend gingen wir in die Stadt. Dort fanden wir auch die Straße in der meine Schwester und mein Vater gewohnt haben. Das alles war für mich sehr emotional und meine Gedanken gingen in die Vergangenheit. Ich dachte daran wie mein Leben geworden wäre, wenn alles ganz anders gekommen wäre und ich dort aufgewachsen wäre. Mit meinem Smartphone machte ich viele Bilder und bewahrte mir so auch viele Erinnerungen. An einem der nächsten Tage machten wir, wieder mit John als Führer eine Besichtigungstour durch Paris.

Wir sahen sehr viele Sehenswürdigkeiten, wie den Eifelturm, Notre Dame, Montmartre, den Gare de Lyon und vieles mehr. Es war alles sehr schön und es gab massenhafte Eindrücke die auch in meinem Kopf verarbeitet werden mussten. Dann flogen wir wieder zurück nach Berlin und der Alltag holte mich wieder ein. Ich hatte noch immer das Problem mit dem Verkauf der Villa. Einen Käufer hatte ich, aber die finanzierende Bank wollte ab dem 01.12.2016 Tageszinsen haben, bis alles bezahlt ist. Da ich keine weitere Finanzierung anfangen wollte, spielte ich auf Zeit, denn ich hatte alles getan um das Grundbuch sauber zu bekommen. So wartete ich den Notartermin ab und das klappte dann auch. Den Termin hatten wir am 27.02.2017 und dann war alles erledigt. Das Geld kam zwei Wochen später. Diese Zinsen waren dann erträglich und ich habe die offene Finanzierung auch sofort abgelöst. Damit waren wir alle Sorgen los. Nun muss nur noch unser Grundstück von meinem Bruder

Gerhard rückübertragen werden. Diesen Termin gab es auch schon. Als das alles erledigt war hat bei mir ein ganz neues Lebensgefühl hervorgebracht Ich fühle mich wieder frei von allen Zwängen und bin total glücklich. Dadurch das mein Bruder Gerhard uns bei dieser Angelegenheit geholfen hat komme ich wieder zu dem Schluss und dem alten Sprichwort: "Blut ist dicker als Wasser". Und mein Resümee ist: Die wichtigsten Menschen in meinem Leben sind meine Frau Brigitte, meine Kinder Jacqueline und Karsten, meine Geschwister Gerhard, Bernd, Brigitte und mein Schwager Luc, aber auch meine Enkelkinder. Ich würde auch gern die restliche Verwandtschaft in Frankreich, wie die Frau meines verstorbenen Bruders Jean Luc, Therese und auch meine Nichte Nadege persönlich kennen lernen. Natürlich auch deren Familien. Das ist einer meiner letzten Wünsche.

Dazu werde ich aber etwas später noch zurückkommen, denn jetzt muss ich noch etwas anderes erwähnen. Wenn Ich so richtig nachdenke, fällt mir ein, das ich vergessen habe eine wichtige Angelegenheit zu erwähnen. Vor einigen Jahren hat mein Enkel Lois, der Sohn von Jacqueline Jugendweihe gehabt und meine Frau und ich waren zu diesem Ereignis nach Berlin eingeladen. Zu dieser Feier hatte meine Tochter auch Ihren Bruder Karsten und seine Familie eingeladen. Wir fuhren mit unserem Auto rechtzeitig dort hin und waren fast die Ersten. Sie hatte sich sehr viel Mühe gegeben, ein großes Zelt geliehen und mit den dazu gehörigen Tischen und Stühlen eingerichtet. Auch der Kuchen, das Essen war alles geschmackvoll eingedeckt. Als wir ankamen, gaben wir dem Lois unser Geschenk und freuten uns, dass alles bei der Feier so gut klappte. Etwas später kam auch Karsten mit seiner Frau und den beiden Mädels, also meinen Enkeltöchtern. Wir begrüßten uns alle, aber es kam kein Gespräch zustande. Es war eine komische Situation mit der auch ich nichts anfangen konnte. Ich wusste zu dem Zeitpunkt nicht warum die Situation so unpersönlich war und war mir keiner Schuld bewusst. Wir blieben auch nicht lange, denn wir waren auch noch 150 Km weiter in Richtung Magdeburg bei einer anderen Jugendweihe eingeladen und wollten auch dort nicht zu spät kommen. Ich hatte mir von Jacqueline die Telefon Nummer von Karsten geben lassen und wollte ihn in den nächsten Tagen anrufen, um zu erfahren was da los war und warum wir nicht wie früher miteinander sprechen konnten. Das tat ich dann auch einige Tage später. Nach einigen Klingeln war Karsten am Telefon und er war wieder recht komisch. Ich fragte ihn was los sei und er sagte, er will jetzt erst einmal keinen Kontakt mit mir und wird mir zu gegebener Zeit mitteilen warum. Einige Tage später erhielt ich einen Brief von Karsten und war sehr neugierig was er geschrieben hatte. Ich begann sofort zu lesen und erfuhr, was sich in den letzten Jahren ereignet hatte. Als er mit seiner Familie das letzte Mal bei uns war, hatte er den Eindruck ich zeige kein Interesse an seiner Familie und wollte den Kontakt nicht. Karsten hatte sich geirrt, ich hatte sehr wenig Zeit, da ich immer sehr viel zu tun hatte und gerade in dieser Zeit mich auch sehr große finanzielle Sorgen quälten. Er hatte schwere Jahre hinter sich, sein Großvater war gestorben und der war wie ein Vater für ihn, denn ich war ja nicht da

Er hatte nach dem Tod des Großvaters total den Halt verloren und es war soweit gekommen, dass er sich das Leben nehmen wollte, nur die Sorge, was aus seiner Familie werden würde hielt ihn davon ab. Er schrieb weiterhin, dass er aus diesem Grund keinen Kontakt mehr mit mir haben möchte. Aber, wenn ich Interesse habe, hat er keine Probleme damit, wenn ich mit seinen Kindern Kontakt aufnehme. Ich wusste davor nicht wie es Karsten ergangen war und bekam das zum Ersten Mal mit. Es tat mir alles sehr leid aber ich konnte das nicht ändern, doch ich wollte seinen Wunsch akzeptieren und wandte mich an meine Enkeltöchter und hielt diesen Kontakt aufrecht. Sie heißen Charlotte und Vanessa und sind sehr liebe Mädchen. Zusammen mit Tom und Lois habe ich jetzt vier Enkelkinder, Übrigens Lois, der jetzt bei seinem Vater in der Schweiz wohnt hat gerade sein Abitur bestanden und studiert ab September Jura, Vielleicht kommt es ja noch einmal anders, Ich würde mir das wünschen. Ich habe in den letzten Jahren gemerkt, dass Familie für mich alles und das Größte ist.

Nun wieder zu dem Thema, dass ich vorher verlassen hatte,

Der Notar Termin lies dann auch nicht lange auf sich warten. Gerhard kam nach Michelsdorf und der Kaufvertrag wurde auch gleich abgeschlossen. Nun brauchte ich nur noch auf das Geld warten und konnte damit die restlichen Probleme lösen. Aber das Leben geht weiter und man lernt ja aus einmal gemachten Fehlern. So werde ich nie wieder eine Finanzierung abschließen die nicht sicher ist. Ich werde auch nie wieder mein Grundstück für irgendetwas hergeben oder beleihen. Dazu ist mir das zu wichtig und wenn ich zurückblicke, mein Lebenswerk. Wenn ich nachvollziehe, wie sich mein Leben gestaltet hat, stelle ich fest, dass ich in drei verschiedenen Staatsformen gelebt habe. Die erste war das unmenschliche Regime der Faschisten, das ich nicht bewusst erfahren hatte, das mich aber sehr geprägt hat, mir den Vater genommen hat und meinen Weg dadurch total beeinflusst hat. Das zweite war das DDR Regime, das auch nicht besser war, mir meine Jugend und meine Mutter nahm. Dieses Regime versagte mir durch seine Gesetze, das ich meinen Vater kennen lernen durfte und mich, wie meinen Vater, auch einsperrte. Die dritte Staatsform ist die Bundesrepublik Deutschland, in der ich mich entwickeln konnte, und meine Schwester kennen lernen durfte. Dabei habe ich erfahren, dass wir jetzt und in Zukunft nie wieder etwas wie Faschismus oder Kommunismus zulassen dürfen. In meinem Leben habe ich Gott sei Dank die schlimmen Regime hinter mich gelassen und werde jetzt und auch in Zukunft nach vorn schauen. Für mich hat sich der Kreis geschlossen und ich werde mich auch in Zukunft zum Wohl der Gemeinschaft ehrenamtlich einbringen. So habe ich mich jetzt in der Situation mit der Flüchtlingskriese einer Gemeinschaft angeschlossen, die sich für die Belange der Flüchtlinge, die von kriminellen Staatsmännern und ihren Gehilfen verfolgt werden, einbringt. Es ist mir ein Bedürfnis, dass es den Menschen, die aus lauter Angst vor Repressalien und Quälerei zu uns kommen, besser geht als es mir und meines gleichen in der DDR gegangen ist.

Diese Geschichte habe ich für meinen Vater geschrieben und um meiner Frau, meinen Kindern, meinen Geschwistern und auch meinen Enkelkindern zu berichten wie es mir ergangen ist.

Heinzpeter Kemnitz